MULHERES, ARROZ E FEIJÃO

*Nove lições que aprendi com minha mãe
quando eu **realmente** prestei atenção*

ANA BARRETO

Blue Hudson Group

Publicado originalmente em ingles com o título: Women, Rice and Beans.
2ª Edição, fevereiro de 2017

Ilustrações no interior do livro de Pablo Chaves, exceto por
"The Willow" (O Salgueiro) - Ilustração de Sarah Evans.
Fotografia da autora de Tyiesha Ford.

ISBN 13: 979-8-9876158-0-5
Blue Hudson Group, Rhinebeck, NY

Para minha mãe, Aracy; minha avó, Maria;
e minhas filhas Isabel, Erica, Christine, Janet e Cindy.

Eu passei a entender que existem dois tipos de lições: uma que você pode tocar, segurar, morder e descartar ou utilizar, e outra que seu coração descobre. Neste último caso, você a sente, e ela se revela como uma tatuagem de um lótus, gravada em sua alma, esperando para desabrochar.

ÍNDICE

INTRODUÇÃO

De onde vem a sabedoria? Quando eu era criança, pensei que a sabedoria fosse aprendida na medida em que era passada de geração para geração, de avós para mães, e delas para filhas.

Em relação à sabedoria da minha mãe, eu só conseguia lembrar de seus ingredientes secretos para cozinhar arroz e feijão, ou as palavras que ela utilizava quando um de seus filhos reclamava sobre o outro: "Quando um não quer, dois não brigam". Esta frase era seu remédio para todas as horas, principalmente quando queria que entendêssemos como seria prudente ficar quietos sempre que nosso pai discutia, reclamava ou punia alguém.

Eu odiava o "remédio" da minha mãe, e pensei que talvez a sabedoria das mulheres pulasse uma ou duas gerações. Eu costumava passar horas no parapeito da janela de nosso apartamento, no segundo andar, observando se as mulheres deveriam ser "fracas" e permanecerem submissas ou "lutar" e serem abusadas. Eu me escondia no escuro do meu quarto para que ninguém pudesse ver minhas lágrimas de tristeza e decepção.

Esperava que minha mãe me ensinasse as sabedorias de mãe-filha, que me ajudariam a viver uma vida mais fácil e feliz, apesar de eu não saber o que era uma "vida fácil". Só pensava que se tivesse um melhor exemplo, poderia ter evitado muitos dos erros que cometi.

Então, um dia, tive uma ideia brilhante: poderia compartilhar a sabedoria que as mulheres devem aprender de suas mães com todas as outras do mundo, se as mães delas fossem como a minha.

Quando comecei a escrever este livro, minha mãe sofreu um acidente no Rio de Janeiro. Ela tinha setenta e nove anos de idade. Cancelei minhas férias, que seriam dedicadas a escrever o livro, e passei dez dias no Rio de Janeiro, ajudando-a e consolando-a. Enquanto cuidava da minha mãe, o amor e a compaixão cresceram exponencialmente em meu coração. Foi como se as mulheres milenares sussurrassem sabedoria em meus ouvidos e a mostrassem para meus olhos e alma.

A cada dia em que cuidei da minha mãe, comecei a entender sua sabedoria mais profundamente. As lições podem não ter sido diretas. Ela nunca sentou comigo e tentou me falar da vida. Não, sua sapiência era transmitida no decorrer da sua vida diária. E na medida em que as memórias me invadiam, percebi que eram como suas aulas de culinária, em um fluxo simples de amor.

A cultura brasileira está centrada em comida, diversão e conexão. Cozinhar fazia parte da vida da minha mãe — e de sua mãe, antes dela. Era típico que as mulheres passassem horas na cozinha, preparando os alimentos e ajudando uma as outras, principalmente no caso do arroz e feijão, que comíamos todos os dias no almoço e no jantar. O arroz e o feijão pertencem à mesa brasileira, assim como os dedos em nossas mãos.

Descobri que existe sabedoria nos simples atos de nossas vidas diárias, como cozinhar arroz e feijão. Todos possuem seus ingredientes secretos, que torna seus arrozes e feijões especiais, se estiverem dispostos a prestar atenção.

Ao começar a apreciar mais a sabedoria da minha mãe, também descobri uma dose de algo semelhante na vida da minha avó. Ela batalhou vivendo em Salvador, lavando roupas para sustentar sua família e estudando artes culinárias (quando era mais velha) para ter seu próprio negocio. Ela construiu duas casas nas décadas de 1940 e 1950, antes que as mulheres tivessem o direito de ter uma casa ou uma conta bancária sem a autorização de seus maridos ou pais.

Do Brasil para Nova York

Eu sou brasileira. Nasci em Ipanema, uma área no Rio de Janeiro que a maioria das pessoas reconhece por causa da famosa canção de Antônio Carlos Jobim, "Garota de Ipanema".

Saí desta cidade em maio de 1988 e planejava ficar em Nova York por apenas seis meses, ganhar algum dinheiro e melhorar meu inglês. E também para, secretamente, reencontrar um amor.

Mas, como acontece com a maioria de nós, a vida tinha seus próprios planos. Trinta e cinco anos depois, ainda estou em Nova York. Vivo aqui há mais tempo do que morei no Brasil. Nestes anos, conquistei três diplomas, casei, herdei três enteadas, dei à luz duas filhas, me divorciei, abri meu próprio negócio, quase fui à falência, mudei de casa mais de oito vezes (o que não é nada típico para uma brasileira), viajei bastante, namorei demais (muito típico de uma brasileira), não cozinhei arroz e feijão todos os dias (uma brasileira quase nunca faria isso) e encontrei meu caminho espiritual. E tudo começou com um homem que parou de me telefonar.

Eu sou a terceira de seis filhos — a não ser que se conte os filhos que meu pai teve com outra mulher antes da minha mãe. Neste caso, sou a sétima de dez filhos. Eu cresci em uma ilha do Rio de Janeiro chamada Ilha do Governador, onde agora está o aeroporto internacional. Agora, há uma ponte que conecta a ilha ao resto do mundo, mas naquela época, apenas tinha barcas.

Nossa família era muito tradicional. Minha mãe ficava em casa e meu pai trabalhava. O único dia em que não comíamos arroz e feijão era nos sábados, quando comíamos caranguejo no almoço e pizza no jantar — exceto pelo meu pai, que sempre tinha que comer seu arroz e feijão, até mesmo neste dia também.

Em uma casa patriarcal tradicional como a minha, o homem tomava todas as decisões e as mulheres possuíam papéis específicos na casa. Até mesmo decisões mundanas, como a cor das paredes ou a permissão para ir à casa de um amigo, eram tomadas pelo meu pai. Mais tarde, quando ele começou a relaxar um pouco, mandava que pedíssemos permissões à nossa mãe. Mas ela foi tão bem treinada para ter medo de tomar decisões que podiam ser erradas que nos mandava de volta para nosso pai.

A partir dos cinco ou seis anos de idade, as meninas eram treinadas para cozinhar e cuidar de seus futuros maridos. Aos dez anos de idade, minha irmã e eu tivemos aulas de culinária para aprender a cozinhar. Eu adorava estas aulas, porque eram bem divertidas e eu estava fora de casa. Ao mesmo tempo, os meninos faziam tarefas externas, como compras e levar o lixo para fora, enquanto as mulheres ficavam dentro de casa cozinhando, limpando, passando roupas e costurando.

Meu pai era verbal e fisicamente abusivo. Sua autoridade nunca poderia ser questionada. Isso variava de gritos até pancadas nas manhãs de sábado por ter chegado tarde em casa depois da escola em qualquer dia da semana. Apesar de ele ter se tornado menos abusivo na medida em que envelheceu, sua ignorância me motivou a sair de casa. Aos quatorze anos de idade, eu queria ir embora, mas esperei até completar dezoito anos.

Meu pai não permitiu que minha mãe trabalhasse, e ele foi bem-sucedido por muitos anos. Comprou dois apartamentos e um carro, e seus filhos estudaram em uma escola particular. Não lembro quando a mudança aconteceu, mas, um dia, ficamos pobres.

Meu pai saía de casa todos os dias de manhã, por volta das dez horas, e voltava lá pelas oito da noite. Nas sextas-feiras, ele chegava em casa mais tarde. Eu só descobri com o que meu pai trabalhava quando tinha vinte e poucos anos — era algo sobre o que nunca perguntávamos ou conversávamos. Eu, eventualmente, descobri que ele era um contador sem diploma formal, um representante de vendas e sócio de dois negócios que faliram quando seus outros dois sócios roubaram o dinheiro. Ele, então, teve que terminar o trabalho comprometido, sem receber nada por isso. Bem, ao menos esta é a história oficial— mas meu pai tinha muitas histórias. Tínhamos que adivinhar quais delas eram verdadeiras.

Tenho certeza de que meu pai fez o seu melhor, mas os gastos de uma casa com seis filhos eram enormes. Então, às vezes, não dava para pagar algumas contas. A luz e a água eram cortadas ocasionalmente. Alguns dias eram de fartura, outros de necessidade. Durante os momentos de necessidade, minha mãe recebia comida e roupas de nossa igreja local, sem que meu pai soubesse. Outras vezes, ela pegava dinheiro emprestado dos amigos para comprar a comida que precisávamos ou para pagar a conta de luz. De vez em quando, ela utilizava o dinheiro que mantinha escondido, era dinheiro guardado que tinha roubado das calças do meu pai nas sextas-feiras, quando ele tinha um dinheiro extra. Ninguém na casa do meu pai podia pedir nada aos vizinhos. Ele era muito orgulhoso e pensava que as pessoas colocariam macumba nas coisas que nos dessem.

A maioria das pessoas fora de nossa casa gostava muito do meu pai. Ele era engraçado e extremamente carismático. Tínha uma ótima fachada. As mulheres adoravam suas histórias e ele podia passar horas contando-as. Pelo menos era o que parecia quando ele encontrava um vizinho ou amigos no caminho para o mercado, onde íamos todos os sábados de manhã.

Durante minha adolescência, aceitei o fato de que meu pai não ia mudar; então eu teria que esperar até que pudesse sair de casa. Isto aconteceu algumas semanas antes do meu aniversário de dezoito anos, quando me ofereceram um trabalho temporário como telefonista em um hotel quatro estrelas. Eu disse à minha mãe sobre a oportunidade e ela contou ao meu pai. Ele falou que não permitiria que filha dele aceitasse a oferta porque "só prostitutas trabalham em hotéis". Então, numa manhã, fui à casa de uma amiga e fiz a pior coisa que uma garota poderia fazer na casa dos Chaves: não voltei para casa naquela noite. Eu só reapareci dois dias depois para buscar minhas roupas, e deixei a casa do meu pai de vez.

Finalmente, encontrei um lar longe de casa — foi em Rhinebeck, Nova York em 2005. Um vilarejo rural e histórico, localizada há duas horas ao Norte da cidade de Nova York. Lá era quieto, mas movimentado o suficiente para mim, e para os indios nativos a essa região era conciderada um local sagrado. Claro, Rhinebeck tinha seus lados positivos e negativos para as pessoas que precisavam trabalhar para se sustentar. Tem a segurança de uma area pequena, vista para o Rio Hudson, lindos vislumbres das "Montanhas azuis" as Montanhas Catskills, muita neve no inverno, noites refrescates que começam mais cedo no outono e grandes distâncias para qualquer outro lugar. Minha parte preferida eram as longas viagens de carro pela linda e estreita rodovia cheia de arvores chamada Taconic Parkway. Era quando eu tinha um tempo ininterrupto para meus pensamentos dançarem na ponta da minha língua. Minhas melhores ideias surgiram nessas viagens.

A História da Minha Mãe

Era o dia 26 de junho de 2013, quando eu recebi uma ligação da minha cunhada, Marta, do Rio de Janeiro. Calmamente, ela me disse que minha mãe tinha sofrido um acidente e estava no hospital, mas que estava bem. Falou que minha irmã estava com ela e que meus irmãos estavam a caminho. Eles me ligariam mais tarde com mais notícias. Marta é uma advogada e a "comunicadora de más notícias" oficial da família. Este tipo de habilidade deve ser valorizado.

Após três ou quatro tentativas de contatar meus irmãos, finalmente consegui falar com o Pedro (o filho número cinco). Ele relatou que nossa mãe tinha sido atropelada por um táxi ao atravessar a rua após sair do trabalho. Ela quebrou uma perna. Primeiro, meu irmão também disse que ela tinha quebrado o quadril e a mandíbula, mas, depois, descobri que foi sua perna e seu rosto. De todas as formas, entendi que foi um acidente grave.

Minha mãe tem um nome indígena — Aracy. Seu pai a chamou assim por causa da famosa cantora dos anos 30, Aracy de Almeida, que também era neta de um indígena brasileiro por parte de pai. Nascida em Salvador, na Bahia, em novembro de 1933, Aracy nessa época estava com setenta e nove anos e era viúva. Tem seis filhos e onze netos. Apesar de ser tecnicamente aposentada, ainda trabalha, porque sua aposentadoria não é suficiente para pagar todas as despesas, principalmente seu seguro de saúde. Possui uma poupança, mas não é muito, e passa a maior parte do tempo trabalhando, indo à igreja, visitando os netos e conversando com seus amigos de infância pelo telefone.

A principal coisa que minha mãe me ensinou diretamente foi cozinhar. Aos cinco anos, eu a ajudava na cozinha, e, aos sete, sabia preparar arroz sozinha. Aos nove anos, estava fazendo bolos com cobertura "do zero", assim como feijão, almôndegas, purê de batatas e outros pratos.

Minha mãe aprendeu a cozinhar com sua mãe por necessidade, como parte de sua preparação para seu papel mais importante — como esposa. Ninguém chegou e disse isso, mas todas sabíamos que fomos "feitas" para o casamento. A primeira vez que você cozinha arroz perfeitamente, alguém te diz: "Já pode casar". Fazer o arroz perfeito ou um ótimo bolo ou um prato delicioso de feijão era, claramente, o treinamento para o que era esperado de uma mulher.

De qualquer maneira, minha mãe não era só uma dona de casa. Ela era uma assistente de um contador que trabalhou por mais de trinta anos em uma pequena firma, mantendo os registros e fazendo o trabalho de secretária por duas gerações. No entanto, ela só aceitou este emprego quando eu e meus irmãos não pudemos voltar à escola, porque meu pai não conseguiu pagar as mensalidades.

O diretor da escola arranjou uma entrevista para ela com uma firma de contabilidade, e isto mudou sua vida. Ela não sabia que as pessoas lhe dariam um emprego, já que já tinha mais de quarenta anos de idade e não havia trabalhado fora por mais de quinze. Aquela entrevista deu a ela a coragem de confrontar meu pai para voltar a trabalhar. Ele ameaçou que não a deixaria entrar em casa novamente se fosse trabalhar, mas ela foi assim mesmo.

Em seu primeiro dia, ela acordou às cinco horas da manhã, fez toda a comida do dia e saiu de casa às sete e meia. Trabalhava das nove às dezoito horas, com uma hora para o almoço. Quando saía do trabalho, caminhava rápido até o terminal de ônibus e rezava durante todo o trajeto de cinquenta minutos para chegar antes do meu pai, para poder entrar em casa.

Em casa, meus irmãos e eu estávamos paralisados de terror, perguntando-nos o que aconteceria com nossa mãe. Vivíamos o dia inteiro com medo. Tínhamos muito medo do meu pai. Muitas vezes, eu urinava nas calças quando ele me repreendia, até mesmo quando era adolescente.

Naquele dia, nossa mãe conseguiu chegar em casa antes do nosso pai, já que ele estava excepcionalmente atrasado. Durante aquela semana, ela chegou em casa sempre um ou dois ônibus antes dele. Um dia, na segunda semana, eles chegaram ao mesmo tempo, e todos pensamos que o pior iria acontecer. Mas ela trocou de roupa, foi para a cozinha, esquentou a comida que tinha feito durante a manhã e minha irmã preparou a mesa. Todos nós nos sentamos para jantar, como todas as noites. Eu limpei a mesa, lavei os pratos e fui para a cama. Aquele foi o dia oficial do renascimento da carreira da minha mãe.

Escutamos de uma vizinha que meu pai disse a ela que o trabalho da minha mãe não pagava bem, e que ele tinha que pagar pelas suas passagens de ônibus. Era assim que as coisas eram resolvidas em nossa casa, ao menos financeiramente. Minha mãe pagava todas as mensalidades da escola, pela comida e pelas contas de luz, agua e gás.

A ideia original para este livro veio do meu ressentimento em relação à minha mãe, algo que eu descobri durante uma das minhas longas viagens para casa. Mas este ressentimento tornou-se outra coisa: uma celebração à sua vida e amor, com todos os seus acertos e erros. Minha esperança é que você não só aprenda um pouco da sabedoria que adquiri da minha mãe e avó, mas que comece a notar mais a sabedoria que pode estar escondida ao seu redor, na vida da sua mãe, da sua avó, e na sua própria. Podemos aprender muitas lições que estão escondidas em nós, que trarão harmonia e amor, se prestarmos atenção.

Como Utilizar este Livro

No primeiro capítulo, você começará a conhecer as lições que aprendi durante minha jornada. Também encontrará exercícios que podem ajudar a desbloquear um pouco de sua sabedoria inata, que você pode passar para suas filhas ou outras jovens mulheres em sua vida. Eu recomendo que leve o tempo que for necessário para ler e fazer os exercícios, em seu próprio ritmo. Não se preocupe se você completá-los ou não. Este pode ser o tipo de livro que você deixa em sua cabeceira e anota em um diário os *insights* que lhe vierem à mente.

Este livro tem cinco meditações para ajudar voce a ter uma conexão interna mais profunda e encontrar o seu lado espiritual. Voce pode acessar a pagina nesse link https://ana-barreto.com/portugues

Eu também incluí algumas das receitas da minha mãe. Aproveite! E eu desejo a você uma sábia e maravilhosa jornada.

CAPÍTULO UM

❧

UM CANTINHO TODO SEU

O VOO DA AMERICAN Airlines chegou ao Rio de Janeiro às onze horas da manhã. Meu irmão, Bruno (o quarto filho da minha mãe); meu sobrinho, Paulo; e meu amigo de longa data, Alexandre, estavam me esperando no aeroporto. Fazia três anos desde a última vez que voltei para o Brasil. Imediatamente, percebi que o trânsito no Rio era pior que em Manhattan na hora do *rush*. Sem um carro de transmissão automática, dirigir no Rio é um ótimo exercício para as pernas, além de aumentar a pressão sanguínea.

Eu não sabia o caminho para o hospital; então, segui meu irmão com cuidado em um carro alugado, enquanto lembrava como dirigir usando o câmbio manual no trânsito intenso e tentando não deixar o carro morrer (esta foi uma tradição de família que não pude manter).

Cheguei ao hospital e deixei o carro em um estacionamento lotado, perguntando-me como tiraria meu carro sem arranhar o veículo do lado. Por coincidência, minha irmã Leticia estava no *lobby* do hospital falando com alguém no telefone. Assim que me viu, terminou a conversa e disse: "Ooooi!". Este é um cumprimento típico para alguém que você não vê há muito tempo. Nos beijamos e abraçamos.

"A mamãe não está bem", ela me disse. "Ela só pode receber uma visita por vez". Minha cunhada já estava lá. Informamos a recepcionista que eu era a substituta da minha irmã.

Quando entrei no quarto, conectei-me com o olhar de saudade da minha mãe. A palavra "saudade" pode transmitir tristeza, mas também expressa felicidade. Imagine uma dança de dois amores reunindo-se no espaço. Isto é "saudade" a filha da tristeza com a felicidade.

Minha mãe tinha o ar carinhoso de maternidade em seu rosto, combinado com a dor por que estava passando. "Me desculpe! Eu não vi o carro. Eu não vi o carro. De verdade", foram suas primeiras palavras para mim, sua forma de expressar que fez algo errado.

"Acontece", respondi. "Ninguém sabe os planos de Deus". Eu a abracei e acariciei seu rosto pálido e cabelo despenteado.

Antes de sair, minha cunhada deu as instruções para manter o ar-condicionado em temperatura alta, onde encontrar os lençóis extras, como chamar a enfermeira, como e quando dar água à minha mãe, e assim por diante.

Passei aquela tarde dando almoço, lanches e jantar para a minha mãe, da forma como se alimentaria uma criança. Coloquei loção nas sua costas para evitar que sua pele ficasse irritada, troquei sua fralda — porque as enfermeiras demoraram demais — e assisti com ela a um programa religioso na televisão. Jogamos conversa fora para mantê-la animada.

Quando anoiteceu e eu percebi que passaria a noite ali, as enfermeiras me disseram que teria de usar minha própria roupa de cama. O hospital havia removido a da cama extra. Era tarde demais para alguém me trazer o que eu precisava; então, utilizei meu travesseiro de viagem e me cobri com a colcha que minha irmã havia levado, caso minha mãe ficasse com frio. A luz noturna do quarto era clara demais para o meu gosto — não foi fácil adormecer.

A primeira noite em que eu passei no hospital foi difícil, tanto para minha mãe quanto para mim. Quando o primeiro check-up da enfermeira aconteceu durante a noite, ela bateu à porta e entrou imediatamente, acendendo as luzes. Eu acordei sem saber onde estava. *Que idiota*, pensei. *Eles não sabem que o corpo se recupera durante o sono? Deixem minha mãe dormir! E deixem eu dormir também.*

A manhã chegou devagar, com a enfermeira batendo à porta a cada hora, anunciando sua chegada. Era uma forma respeitosa de entrar no quarto, mas as batidas de hora em hora podem enlouquecer uma pessoa que está dormindo. Eu não estava preparada para ver minha mãe tão quieta, triste, desorientada, confusa, com dor e se sentindo culpada por causar inconveniência aos outros. Mas percebi que não há forma de se preparar para ver a desestabilização de sua mãe de setenta e nove anos, principalmente quando, apenas quarenta e oito horas atrás, ela tinha a ambição de resistir aos seus filhos para continuar a viver só. De repente, ela não conseguia nem pentear os próprios cabelos.

Nossas conversas nos poucos meses anteriores ao seu acidente foram sobre a decisão de não morar com os filhos. Ela tinha recebido um aviso de despejo, porque sua casa seria demolida para possibilitar a construção de uma nova estrada que facilitaria o trânsito no Rio de Janeiro durante a Copa do Mundo de 2015 e os Jogos Olímpicos de 2016. Estes dois eventos mundiais criaram uma alta demanda de moradia e fizeram os preços dos aluguéis dispararem.

Minha mãe não tinha conseguido encontrar um lugar para alugar e estava sendo pressionada por meus irmãos para ir morar com um deles. Ela queria sua independência, seu espaço e sua paz. Na manhã do acidente, ela e minha irmã haviam assinado um contrato de aluguel para um apartamento perto da minha irmã, que tinha se tornado mais acessível com minha ajuda financeira.

Mais tarde, atendi o celular do meu irmão. Era uma ligação da imobiliária que gerenciava a casa onde minha mãe morava. Queriam informá-la de que ela tinha duas semanas para sair da propriedade. Eu contei sobre o acidente, e que ela teria uma segunda cirurgia no dia seguinte. Sem saber como funcionam as leis de locação de imóveis no Brasil, perguntei quais eram os direitos da minha mãe, dadas as circunstâncias. A mulher no telefone foi paciente, mas pediu educadamente que meu irmão retornasse a ligação, já que era ele quem estava lidando com o contrato. Minha mãe e meu irmão já haviam sido notificados sobre o despejo há nove meses.

Minha mãe ouviu a conversa e expressou sua preocupação sobre onde ela viveria e o que aconteceria com seus pertences. "Não se preocupe", eu disse, mas sabia que ela se preocuparia mesmo assim.

O médico disse que minha mãe precisaria ficar de repouso por dois meses após a cirurgia em sua perna, seguidos por quatro meses de fisioterapia. Isto faria com que ela parasse de trabalhar por cerca de seis meses, mas ela precisava do dinheiro para suplementar o custo de um aluguel mais caro, já que os preços haviam subido drasticamente quando o Rio anunciou que receberia os dois maiores eventos esportivos mundiais. Além disso, o chefe da minha mãe já tinha dito à minha irmã que não permitiria que ela continuasse a trabalhar mesmo depois que ela se recuperasse. Parece que ele estava deixando minha mãe trabalhar por gentileza e temporariamente. Nós, os filhos, já sabíamos que ela iria se mudar com minha irmã, porque ela tinha o espaço e tempo para ajudar a nossa mãe. Devagar e com poucas palavras comecei a preparar-la para o inevitável e ajudá-la a ver a realidade: ela não poderia mais viver sozinha, ao menos temporariamente.

"Mas, e minhas coisas?", ela perguntou.

"Você pode colocá-las em um guarda móveis", respondi. "Precisamos cancelar o novo contrato de aluguel e, quando você se recuperar, poderemos procurar um novo apartamento para você morar sozinha". Minha irmã já havia cancelado o contrato do aluguel e conseguido o reembolso do depósito.

Naquela noite, meu irmão Pedro chegou e contou que um guarda móveis para guardar as coisas dela seria muito caro.

Tentei mudar de assunto, mas era tarde demais. O rosto da minha mãe mostrou sua decepção e preocupação. Sua pressão sanguínea subiu e recusou-se a baixar pelo resto da noite.

Minha mãe havia sofrido um problema crônico de moradia desde que tinha se mudado com meu pai. Por boa parte do tempo, eles moraram com amigos ou em casas que eram muito pequenas. Foram despejados mais de uma vez por não pagarem o financiamento ou o aluguel. Uma vez, perderam todos os seus bens, porque meu pai não pagou a mensalidade para guardá-los. E agora, duas semanas após sua cirurgia, ela teria que desocupar sua casa porque ela seria demolida.

Lembrei-me do livro de Louise Hay, *Você Pode Curar Sua Vida*, onde ela sugere que o componente emocional por trás da alta pressão sanguínea é a dificuldade em se desconectar do passado. Às dez horas daquela noite, a enfermeira nos avisou que minha mãe não poderia entrar para a cirurgia porque sua pressão estava muito alta. Eu percebi que minha própria pressão também estava assim. Reconheci o sinal de desconforto no lado esquerdo do meu pescoço.

"Relaxe, Dona Aracy", disse a enfermeira.

"Não se preocupe", eu disse para minha mãe. "Se não pudermos guardar suas coisas, vamos vendê-las e comprar tudo novo. Um recomeço! Onde está a fé que você sempre teve em Deus? Eu estou aqui para resolver a situação da casa. Sei que você quer seu próprio espaço e suas coisas. Eu vou fazer o meu melhor para você".

"Falar é fácil, fazer é difícil". Minha mãe dizia muito esta frase quando eu era criança. Na casa da minha mãe, os móveis, as cortinas e as cores da parede — tudo — tinha sido escolhido pelo meu pai. Ela não escolhia nem as toalhas que lavava ou as roupas que vestia para ir a igreja, até meu pai morrer. Ela se calava "para não haver zoada".

Nosso Próprio Espaço

Eu senti muito a dor de minha mãe. Recordava-me das palavras de Virginia Woolf em seu livro *Um Teto Todo Seu*: "As mulheres devem ter um teto todo seu." Ela estava se referindo ao desejo feminino de ser escritora, mas eu pensei sobre como uma mulher precisa de um quarto, um espaço, ou uma casa só dela para rezar, rir, chorar, meditar, refugiar-se, dormir, gozar, ler, cozinhar, decorar, amadurecer e inebriar-se com sua própria energia. É um espaço de autorresgate. Esta foi a primeira lição que aprendi ao observar a vida da minha mãe:

"Toda mulher precisa de seu próprio espaço."

Se você tiver a chance de visitar Nova York, vá ao Hyde Park e visite a casa de Eleanor Roosevelt, que agora é um local histórico nacional. É o espaço que ela fundou após "querer" um espaço só dela por quarenta anos, após viver na casa de sua sogra.

Franklin D. Roosevelt, presidente dos EUA, aparentemente encorajou sua esposa a ter sua própria propriedade para desenvolver seus pensamentos. O casal morava na casa da mãe do presidente desde que se casaram. Alguns dizem que ele precisava se libertar dela e de sua supervisão para ter tempo sozinho. Quer seja verdade ou não, esta foi a única propriedade de Eleanor. Ela disse: "A coisa mais importante que aprendi foi como é bom voltar para casa". O Hyde Park é um ótimo lugar isolado para andar e ter contato com a Natureza.

Outra casa para visitar é a casa de Louisa May Alcott, em Concord, Massachusetts. O quarto onde ela escreveu *Mulherzinhas* fica na casa do pai dela, e você pode ver a pequena escrivaninha de madeira de 1877, construída por seu genitor. Apesar de ela não possuir uma casa inteira, tinha seu próprio quarto — um espaço onde encontrou a energia e o ímpeto para construir seus sonhos e criar histórias maravilhosas sobre o empoderamento das mulheres, à frente de seu tempo. Você não precisa de um casarão para encontrar seu próprio espaço. Só de um cantinho e um desejo.

Como Encontrar e Criar seu Próprio Espaço Sagrado

Criar seu próprio espaço é um processo de três passos: encontrá-lo, limpá-lo e abençoá-lo. Seu espaço pode ser dentro da casa onde você vive, no quarto onde você dorme, um quarto vazio em uma casa, uma cadeira ou uma varanda, um banco no quintal ou um canto de qualquer cômodo. Não há necessidade de proclamar ao mundo que aquele é o seu espaço especial (a não ser que seja a única forma de manter outras pessoas à distância). Apenas declare sua propriedade sobre ele.

Encontre-o. Quando você puder ficar sozinha, sem interrupções, por quinze ou vinte minutos, escolha uma cadeira, sofá, ou pedaço de gramado e sente-se confortavelmente. Feche seus olhos e respire fundo para se conectar com seu espírito. Respire profundamente pelo nariz e expire pela boca. É assim que você abre a conexão com seu coração. Respire profundamente mais duas vezes e, na terceira vez, segure a respiração por nove ou dez segundos. Então, solte todo o ar pela sua boca. Estenda seus braços com as palmas das mãos para cima e declare em voz alta sua intenção de encontrar seu próprio espaço sagrado: "Hoje, eu peço aos espíritos de luz (Deus, Universo ou qualquer outra entidade na qual você acredita) para me ajudar a localizar meu espaço sagrado".

Levante-se e ande pelo quarto ou pela casa, olhando para todos os cantos. Confie que sua intuição a levará ao lugar certo. Não duvide de você. É importante que ouça aquela primeira voz ou pensamento que escutar ou sentir. Apenas confie em sua intuição. Geralmente, no momento em que você pede para localizar o espaço, ele aparece em sua mente.

Limpe-o. Este passo pode levar trinta minutos ou até dois dias, dependendo da condição do espaço que escolheu, o tamanho do quarto, e o que você decidir fazer com ele. Se está limpando e liberando espaço em uma casa ou andar inteiro, você pode levar, pelo menos, dois dias. Se estiver trabalhando em um quarto por vez e ele já está limpo, pode levar trinta minutos. Se você está se mudando para uma nova casa, eu recomendo que faça a limpeza antes da chegada do caminhão de mudanças.

Limpe minuciosamente tirando os móveis do lugar, varrendo, abrindo as janelas e limpando-as, esfregando o chão, limpando as paredes e removendo a bagunça. Tente achar outro lugar para os itens que permaneceram ali, como revistas, livros e roupas. Arrumar a bagunça é importante. Isto significa remover qualquer excesso de objetos do quarto. Você pode querer pintar as paredes, mas não é necessário (se decidir pintar, veja a tabela de cores abaixo, que ajudará você a selecionar uma cor para auxiliá-la em suas novas intenções).

Cores que Ajudam Nossas Intenções:

Amor	Rosa, vermelho* ou verde
Carreira	Azul claro ou cinza
Finanças	Verde ou roxo
Saúde	Amarelo ou roxo
Família	Verde ou azul-claro
Educação	Azul
Escrever	Azul-claro
Espiritualidade	Roxo ou lilás
Criatividade	Laranja*
Fama, reconhecimento	Vermelho*
Tranquilidade	Tons de branco ou cinza; tons claros de azul ou verde-claro e quente

*Tenha cautela com o uso excessivo de laranja no quarto, cozinha, ou hall de entrada. Esta cor também pode estimular vícios, como excesso de comida, de bebidas ou cigarros. É melhor utilizar o laranja como uma cor complementar para aumentar a criatividade. Além disso, fique atento ao excesso da cor vermelha ou roxa no quarto. É melhor usá-lo como uma parede de destaque ou em um travesseiro se você realmente ama a cor.

Você quer comprar móveis novos para o seu espaço? É importante marcar este espaço ao ocupá-lo com objetos que você realmente ama, e remover tudo que não gosta. Se há itens que trazem lembranças de um ex-namorado ou de outras experiências passadas, é melhor colocá-los em outro lugar ou se livrar deles. Se você não pode comprar móveis novos, mas quer algo novo para tornar aquele o "seu espaço", considere algo barato, como uma nova cortina ou tapete.

No caso de você ter muitas coisas acumuladas na sua casa, este passo pode ser um pouco assustador. Respire fundo. Se a bagunça já está aí há muito tempo, é provável que não consiga remover tudo de uma só vez. Ou se você não aguenta fazer tudo de uma vez, tente colocar o que puder na garagem ou em outro quarto vazio. Não ponha estas coisas em seu quarto. Passamos muito tempo em nossos aposentos, e se este espaço estiver em desordem, terá um impacto emocional em você e poderá até mesmo interferir no seu sono.

Depois que você tiver limpado e redecorado seu espaço, é hora de limpar a energia. Isto pode parecer estranho, mas, acredite em mim, é um passo poderoso. Limpar a energia é um processo de três partes: ação (corpo), palavra (mente) e pensamento (espírito).

- **Ação.** Primeiro, você precisa de sálvia branca (altamente recomendado) ou incenso de sândalo, que pode ser comprado pela Internet. Também recomendo um sino de vento, uma taça tibetana ou algum tipo de sino. Água benta (de uma igreja ou de sua própria bênção) também funciona. Estas são os acessorios que ajudarão a varrer a energia existente e melhorar o espaço com sua nova intenção. Note que eu falei que estes acessorios vão *ajudar*.

Elas não farão o trabalho por você. Aqui está como fazer isto.

Você precisa conectar qualquer acessorio que escolher com seu coração.

Primeiro, sinta seus pés plantados no chão onde você está. Respire fundo, traga o acessorio para perto de seu coração e feche os olhos. Depois, visualize ou imagine que há um cordão saindo do seu coração, indo até a acessorio. É uma extensão sua. Então, acenda o incenso ou bata o sino de vento, taça tibetana, ou borrife a água na medida em que anda lentamente pelo perímetro do seu espaço.

- **Palavras.** A seguir, diga sua intenção em voz alta, com convicção e paixão: "Eu estou limpando este lugar para trazer facilidade, fluidez, abundância, prosperidade e amor", ou escolha qualquer intenção que quiser.

- **Pensamento.** Imagine que a energia antiga está saindo do quarto pelas janelas, portas e paredes. Feche os olhos e veja a energia indo embora como uma névoa, vento ou neblina.

- **Abençoe.** Este passo levará ao menos quinze minutos e pode durar quanto tempo você quiser. Depois que o espaço for liberado, é hora de abençoá-lo. Sente-se em seu espaço sagrado. Se for sua cama, certifique-se de que está sentada com as costas eretas. Se for uma almofada no chão, certifique-se de estar confortável. Você pode querer acender um incenso. Novamente, sugiro sálvia (leve) ou sândalo (forte). Feche os olhos, inspire fundo pelo nariz e expire pela boca. Isto ajudará você a se conectar com seu espírito. Faça isto mais duas vezes e, na terceira vez, segure sua respiração por 9 a 10 segundos. Então, libere o ar pela boca. Estenda seus braços com as palmas para cima e declare em voz alta: "Este é um espaço sagrado, e assim será. Este é um espaço sagrado, e assim será (duas vezes). Esta casa é um *espaço sagrado* e assim será". Depois, diga sua intenção em voz alta. Por exemplo: "Eu reservo um tempo e me abro para ouvir as mensagens da minha alma", ou "Eu abro meu coração para Deus e me conecto com o Espírito Santo", ou "Eu me recupero de _____ [*inclua sua intenção aqui*] e vivencio o bem-estar", ou "Eu amo a facilidade e fluidez da minha vida". Estas são apenas algumas sugestões. Você pode escolher a que for mais adequada para você. Após falar sua intenção, fique ali por um tempo e sinta a energia do espaço. Sua mente pode vaguear, mas permaneça lá pelo tempo que quiser, saboreando seu novo espaço sagrado.

Visite o espaço frequentemente para pensar, rezar, meditar, ler, amamentar ou, simplesmente, para ter um tempo longe do *stress*, das crianças ou de seu parceiro. Mantenha o espaço limpo o tempo todo (o máximo possível). Se a área começar a ficar bagunçada novamente, limpe-a assim que possível. Eu recomendo que a bagunça não fique por mais de vinte e quatro horas em seu espaço sagrado. Não deixe ninguém entrar neste espaço, a não ser que tenha sua permissão.

Nota especial: se sua intenção é remover a energia de um casamento desfeito após uma separação ou divórcio, é melhor substituir aos poucos o colchão, os travesseiros, colchas e lençóis, se possível. Se não, você também pode limpar a energia ao utilizar sal marinho grosso. Salpique sal grosso no colchão e deixe-o por, ao menos, uma hora, enquanto continua a limpar o quarto e remover as fotos e objetos antigos que pertenciam ou a lembram de seu ex-companheiro. Então, tire o sal grosso com um aspirador de pó, vire o colchão e certifique-se de utilizar lençóis novos. Doe seus lençóis antigos para um abrigo ou um brechó como o do Exército da Salvação, mesmo se forem lençóis caros! Acredite em mim, não vale a pena mantê-los. Se o fim de seu relacionamento não foi muito traumático, você pode colocar sal grosso quando lavá-los, incluindo as colchas. Mas eu ainda sugiro que você descarte os travesseiros.

Importante: eu sugeri que você removesse e substituísse estes objetos lentamente, porque fazer isto muito rápido pode levar a um desequilíbrio de energia. Primeiro, você se sentirá animada, mas, depois de uns dias, vai sentir um forte sentimento de "perda". É possível que uma grande tristeza e um vazio se manifestem se o relacionamento foi ruim. É como subir para um local muito elevado e ficar com doença de altitude. Seu corpo não está acostumado. Seus pulmões precisam se ajustar à nova forma de respirar. Então, vá devagar. Liberte-se dos itens gradualmente.

Aproveite seu próprio espaço sagrado. Ele será uma parte importante em sua jornada para descobrir a harmonia em sua vida.

CAPÍTULO DOIS

DESAPEGANDO

O SEGUNDO DIA NO HOSPITAL passou devagar. As enfermeiras entravam e saíam do quarto para fazerem seus trabalhos, o que me dava a oportunidade de olhar pela janela para ver o lindo céu e árvores exuberantes, fugindo da TV, que passou o dia inteiro ligada no canal cristão.

A minha mãe gosta deste canal porque ela é uma católica apostólica romana devotada. Vai à missa todos os finais de semana e, às vezes, até mesmo encontra uma missa para assistir perto de seu escritório durante a semana. Ela ajuda na igreja, confessa-se regularmente e comunga. Reza todos os dias, envia dinheiro para organizações cristãs, vai em retiros, lê passagens da bíblia todos os dias e vê missas na televisão. Quando alguém conta sobre algum problema para ela, conhece algum santo ou reza para ajudar ou resolver. Ela sabe que Deus é poderoso e que tudo é possível com Ele.

Naquela noite, antes de sua segunda cirurgia, lembrei de outro ditado que ela nos dizia quando éramos jovens: "Há males que vêm para o bem".

"Há uma lição de vida a ser aprendida aqui", lembrei. Aproveitei a oportunidade para contar à minha mãe sobre os acontecimentos da minha vida em 2007 e 2008, quando estava trabalhando como consultora autônoma e a economia despencou. Não tive trabalho por meses, e o pouco de trabalho que conseguia não era suficiente para pagar minhas contas. Eu não

tinha experiência para perceber que os negócios iriam estagnar de dezembro a fevereiro. Estava usando minhas economias para pagar as contas e, quando percebi, atrasei o pagamento da minha casa por três meses. Recebi um aviso do banco de que eles tomariam minha casa, mesmo eu tendo pago a entrada, no valor de 30%. Tentei renegociar a hipoteca, mas, sem emprego fixo ou contrato, não foi possível.

Sem nenhuma renda e atrasando as contas, procurei o centro de previdência social para fazer a minha inscrição. Na sala de espera, enquanto esperava ser chamada, , olhei à volta, para as pessoas esperando assistência, e eu não parecia com elas. Estava claro que alguns deles não tomavam banho há dias e outros estavam desabrigados. Eu sabia que não pertencia àquela sala. Tinha três diplomas, uma boa casa e uma carreira brilhante à minha frente. Quando fui chamada e contei sobre minha situação, eles disseram que não pagariam por contas anteriores e que eu teria que penhorar minha casa para receber assistência. Eu recusei e saí cheia de vergonha, e desapontada. Por outro lado, comecei a lembrar de quem eu era.

Não queria vender a casa, mas meus cartões de crédito já estavam no limite. Sem qualquer outra opção, peguei dinheiro emprestado de amigos, do meu ex-marido, e até mesmo da minha mãe. Mas, ainda assim, não era suficiente — precisava vender a casa para pagar as dívidas. Naquela noite, conversei com Deus e decidi vendê-la.

Demorei duas semanas para preparar a casa para a venda. Eu a "re-feng shui-zei". Assinei um contrato com um corretor, que queria que eu a vendesse por um valor menor do que tinha pago por ela, mesmo com as melhorias que havia feito nela. O corretor disse que o mercado estava baixo e que estava demorando seis meses ou mais para vender os imóveis da área, mesmo com os preços mais baixos. Eu recusei e mantive meu preço.

No dia seguinte, após assinar o contrato com o corretor, uma sessão aberta para agentes foi agendada e eu tive que preparar a casa. Também tive que sair dela por cerca de quatro horas. Durante este tempo, visitei uma amiga, Gila, que também é uma ótima acupunturista. Abri meu coração e compartilhei com ela meus problemas financeiros. Ela ofereceu uma leitura de "Tao" para mim, utilizando cartas de sabedoria chinesa, que sugerem a atitude que se deve tomar para lidar com um problema. Minha pergunta foi: "O que eu preciso fazer em relação à minha casa?" A resposta foi uma carta que dizia: "Jogue fora o que estiver estragado". Na medida que ela lia o significado da carta, eu chorava e chorava. Mas, naquela tarde, finalmente decidi permitir que minha casa fosse vendida — psicologicamente, emocionalmente e espiritualmente — sem remorso ou culpa. Eu me senti mais leve e em paz, sem me agarrar desesperadamente a ela. Era uma linda casa, com uma lagoa na area e um lago no quintal grange, mas era um trabalho maior do que eu conseguia lidar.

Quando cheguei em casa no fim da tarde, o corretor me ligou e disse que eu tinha recebido uma oferta para a casa por vinte mil dólares a mais do que eu havia pago por ela. Como resultado, saldei todas as minhas dívidas e, um ano depois, comprei uma casa mais barata e em uma localização melhor, perto da escola das crianças e mais conveniênte para minhas filhas. Ao me apegar a coisas que não mais me serviam, eu estava adiando a chegada de um futuro melhor.

Na próxima manhã, antes que ela fosse levada para a segunda cirurgia, minha mãe disse: "Você pode doar tudo".

"Tudo?", eu questionei.

"Sim, tudo. Veja se seus irmãos querem alguma coisa. Senão, doe para os pobres."

Sua cirurgia foi bem-sucedida e ela passou mais dois dias no hospital antes de ir se recuperar no apartamento da minha irmã. Naquela manhã, eu entendi a segunda sabedoria:

Precisamos ter fé e desapegar das coisas para abrir espaço para aquilo que realmente desejamos."

A Conexão entre Fé e Acúmulo

O que é a fé, de fato? Como sabemos que temos fé e como a sentimos? É fé o que depositamos em nossos casamentos e amizades? É fé o que as igrejas têm pregado por gerações? Estas são perguntas que as pessoas têm feito por séculos.

Eu cheguei à conclusão de que a fé é a confiança em nós mesmos e em um poder maior do que nós. Fé é amor. É esperar que a primavera chegue após um longo e frio inverno. É saber que nossos corações vão bater agora... e agora... e agora... e agora. A fé não é lógica, mas é ter certeza ao saber. A fé é o ingrediente secreto que tempera nossas conquistas.

As pessoas que têm fé não esperam pelo que desejam, porque sabem que já possuem o que querem. O que elas desejam só não se manifestou em termos físicos, ainda. Elas sabem sobre o "timing divino", que significa que as coisas acontecem quando devem acontecer. As pessoas de fé não precisam dominar a paciência, porque elas já têm este sentimento dentro delas. É o arroz e feijão do desapego, tanto de coisas quanto de sentimentos.

Quando olhamos o interior de nossas casas e vemos uma bagunça, significa que estamos nos apegando a coisas, sentimentos e pensamentos que já não nos servem. Às vezes, a casa pode estar limpa e organizada, mas quando olhamos para nossos guarda-roupas, armários, gavetas, e garagem, vemos algo completamente diferente. Até mesmo quando os guarda-roupas estão organizados, mas cheios, podemos encontrar itens de que não precisamos e que já não nos servem mais. Que tal o vestido de casamento de uma mulher divorciada? Fotos de ex-namorados? Artigos de jornais e revistas com receitas de peru para o Natal, apesar de que faz anos que não cozinhamos para as festas de fim de ano? Estes são sinais de apego inútil.

Quando você encontra a bagunça física, pode ter certeza de que também há uma bagunça emocional que precisa ser arrumada. É como abrir o guarda-roupa da sua mente e encontrar raiva no trabalho, rancor com um amigo, insegurança financeira, sentimento de dúvida em seu casamento, desconfiança na vida, e por assim por diante.

Simplesmente, a bagunça é a falta de fé na vida. É a crença de que não conseguiremos o que precisamos. Guardamos todos os tipos de coisas por perto para nos sentirmos seguras, porque não temos fé de que tudo estará bem. Esta falta de fé nasce dos traumas passados que todos vivenciamos. Nossas mentes justificam a bagunça ao dizer: "E se eu precisar disto algum dia?", ou "Eu não quero gastar dinheiro com isto novamente", ou "Eu gosto muito disso". Obviamente, você decide guardar as coisas que fazem sentido, mas quando há bagunça, está na hora de ser sincera consigo mesma. Você *realmente* precisa disso, daquilo ou daquela outra coisa ou está acumulando por falta de acreditar que tudo que precisa chagará na hora certa?

Nos primeiros dias da minha obsessão com *feng shui*, eu entrava nas casas dos meus amigos e via um canto ou quarto bagunçado, e sabia que eles estavam passando por um problema na área que o quarto ou canto representava. Eu via a bagunça e desorganização e, depois, confirmava que meu amigo estava tendo problemas de relacionamento, que poderiam ser amenizados ao se remover a bagunça. Claro, nem todos querem escutar isso; então, muitas vezes eu fico calada.

A vida nos leva para a frente, quer queiramos ou não; então, desapegar é importante para completar os ciclos de nossas vidas. Desapegar de coisas, pessoas, experiências e emoções é um sinal de que confiamos na vida e de que estamos prontas e abertas para o novo. Mas a fé é o ingrediente secreto que faz com que desapegar seja mais fácil. A fé é saber que grandes coisas já estão a caminho.

Meditação da Árvore de Salgueiro

Desapegar não é fácil, mas aqui está um processo simples para ajudá-la. A Meditação da Árvore de Salgueiro vai ajudar você a liberar o acúmulo emocional e a abrir sua energia para também desapegar de objetos físicos e situações em sua vida que já não lhe servem e estão tirando a sua atenção que pode ser usada em outras áreas mais importantes para a sua vida.

A gravação desta meditação está disponível para download no site http://www.ana-barreto.com/portugues

1. Encontre um lugar confortável e um horário em que você não será interrompida por, ao menos, dez a quinze minutos. Sente-se confortavelmente com as costas eretas, se possível. Você pode escolher músicas suaves para ajudá-la a relaxar se resolver fazer essa meditação sem a gravação.

2. Respire fundo e devagar, e feche seus olhos para minimizar as distrações. Conecte-se com o espaço ao sentir a cadeira, o tecido tocando sua pele, o ar ao seu redor. Qualquer barulho que você ouvir a levará mais fundo em sua meditação.

3. Imagine ou visualize uma linda árvore de salgueiro no calor do verão. A árvore está cheia, linda, verde e grande, no meio de um lindo campo. Respire o ar deste campo e sinta o calor do sol em sua pele.

4. Veja as lindas folhas da árvore. O vento sopra nelas, fazendo com que balancem graciosamente. Veja os pássaros voando ao redor e acariciando as folhas e galhos do salgueiro.

5. Agora, pense em sua carreira e em qualquer problema pelo qual esteja passando no trabalho. Talvez você não tenha trabalho suficiente ou esteja infeliz com seu emprego. Talvez tenha problemas com seu chefe ou um colega, ou esteja desempregada. Imagine que você pega este problema e o pendura em um dos galhos do salgueiro. Deixe o

problema assumir qualquer forma física que quiser — ele pode até nem tomar uma forma. Apenas pendure-o na árvore.

6. A seguir, pense em seus amigos. Traga à mente qualquer problema que você tenha com eles. Talvez alguém esteja com raiva de você, ou você esteja com raiva de alguém por não alcançar suas expectativas. Talvez tenha um amigo que esteja trazendo muito problemas à sua vida. Talvez seu amigo não a apoie tanto quanto você gostaria. Coloque este problema em outro galho da árvore.

7. Em seguida, pense nos seus filhos ou em qualquer criança em sua vida. Se você não tiver filhos, talvez seus bebês sejam seus animais de estimação ou seus livros, suas músicas ou alguém em sua vida que está se comportando como uma criança. Pode até ser alguém que esteja doente e não pode evitar a situação. Qualquer que seja o problema, imagine-se pendurando-o em um galho do salgueiro.

8. Pense também em seu relacionamento romântico, se tiver um. Quais são os problemas que está tendo com seu parceiro? Talvez esteja pensando em terminar um relacionamento ou preocupada com a falta de comprometimento dele. Talvez seja você que não quer se comprometer. Talvez vocês estejam brigando ou sofrendo de falta de comunicação. Talvez você esteja chateada porque quer um relacionamento, mas não consegue. Pegue qualquer problema que você tem nesta área e pendure-o em um dos galhos do forte salgueiro.

9. Você também pode pensar em qualquer situação da sua vida na qual sinta que não está sendo reconhecida por sua contribuição. Talvez seu chefe, amigo(s) ou filho(s) não esteja(m) dando a consideração que você deseja. Em sua imaginação, pendure estes sentimentos em um galho da árvore.

10. A seguir, pense em algum problema financeiro em sua vida. Talvez você esteja estressada pelo aluguel alto ou pela prestacão da casa ou carro. Talvez não tenha dinheiro para pagar pela escola de um filho ou seu plano de saúde. Pode ser o medo de balancear sua conta-corrente ou de consolidar seu cartão de crédito. Talvez você simplesmente não esteja ganhando tanto dinheiro quanto gostaria. Qualquer problema que tiver na área de finanças, pendure-o na árvore.

11. A próxima área tem a ver com sua família. Talvez você esteja cuidando de um parente idoso ou haja uma discordância entre seus irmãos a respeito de uma herança ou sobre como cuidar de um parente. Talvez esteja discutindo com sua mãe ou pai. Qualquer que seja o problema, pendure-o no galho do salgueiro.

12. Agora, pense em sua espiritualidade e educação. Veja todos os "deveres" que você ou outras pessoas estão impondo a você. Pense nas pressões dos estudos ou no *stress* pelo qual você está passando se estiver frequentando aulas. Talvez o problema seja um comprometimento exagerado em sua igreja ou organização espiritual. Ou você queira ter a prática espiritual, mas não arranja tempo. Novamente, qualquer que seja a situação, pendure-a na árvore de salgueiro.

13. Por último, pense na sua saúde. Você sente que está acima do peso? Está lidando com diabetes ou pressão alta? Talvez esteja evitando uma mamografia ou suas enxaquecas estejam fora de controle. Talvez tenha sido diagnosticada com câncer. Pendure todos estes problemas nos galhos do salgueiro.

14. Em seguida, na visão da sua mente, recue cerca de vinte passos da árvore e veja todos os seus problemas pendurados nos galhos. Note como o vento sopra nas folhas e nos seus problemas. Permita que alguns deles sejam levados pelo vento. Dê "tchau" para eles enquanto flutuam para

longe. Faça uma nota mental de quais problemas foram levados.

15. Ande por baixo dos galhos e imagine que você vai para dentro do tronco da árvore. Sinta o peso leve dos seus galhos e o vento soprando nas suas folhas. Sinta a força de árvore e sua conexão com a terra. Veja as pessoas andando ou dirigindo, admirando a árvore com todos os seus problemas pendurados nos galhos.

16. Sinta que você, como a árvore, é forte e que pode desapegar de tudo, mesmo se alguns dos problemas ainda estiverem pendurados em seus galhos. Sinta a calma, flexibilidade e tranquilidade do salgueiro soltando tudo a cada brisa.

17. Agora, quando você estiver pronta, pode abrir os olhos e retornar. Respire fundo, esfregue as mãos e esteja presente em seu espaço. Certifique-se de lembrar quais problemas você estava disposta a soltar. Na próxima vez que vir um salgueiro, sinta-se à vontade para tocá-lo e agradecê-lo pela lição que ele lhe deu sobre desapegar das coisas.

Faça esta meditação o quanto quiser. Ela vai ajudá-la a desapegar e a se sentir mais confiante em lidar com os desafios de sua vida.

Tenha fé que grandes coisas estão vindo para sua vida! Tudo o que você precisa fazer é desapegar.

Suporte Adicional para Desapegar

Faça uma cópia da foto do salgueiro, abaixo. Em cada galho, escreva os nomes das pessoas, coisas e emoções das quais que você está disposta a desapegar. Na raiz da árvore, escreva as experiências e emoções que você deseja que cresçam em sua vida. Veja esta página diariamente ou faça uma cópia dela e coloque-a em uma área onde você possa vê-la todos os dias. Seja criativa. Utilize lápis coloridos ou fotos de revistas para personalizá-la.

CAPÍTULO TRÊS

─────── ✄ ───────

AUTOGENEROSIDADE

Colocar a cama da minha mãe na casa da minha irmã foi um evento dramático. Os brasileiros tendem a fazer tudo no último minuto, mas minha família faz tudo <u>depois</u> do último minuto. Então, minha mãe chegou na casa da minha irmã antes que sua cama estivesse até mesmo dentro do caminhão. Quando ela finalmente chegou, meus irmãos estavam brigando e culpando uns aos outros — o que não era exatamente o que minha mãe queria escutar dois dias após sua cirurgia.

Ela precisava comer comida especial e ser medicada a cada duas, três, quatro, seis e oito horas. Necessitava de uma cadeira de rodas, troca de fraldas, limpeza especial de seus ferimentos, banhos a seco, ser vestida, despida, assistência para subir e descer da cama, todas as coisas que aparecessem inesperadamente. Eu sabia que minha mãe precisava de horários regulares, e que cuidar dela era trabalho demais para minha irmã. Deveríamos contratar uma enfermeira, mas elas não são encontradas na farmácia da esquina ou no corredor do supermercado.

A cadeira de rodas não passava pela porta do banheiro. Minha mãe estava muito fraca para se levantar da cadeira sozinha e precisava que duas pessoas a carregassem. Não tinha forças para se levantar e tomar banho ou para ir ao banheiro sem ajuda.

Onze anos tinham se passado desde a última vez que eu havia trocado fraldas, mas, após ter duas filhas, eu já tinha prática nisso. Durante o dia, não era nenhum problema trocar as fraldas dela. À noite, apesar de estar compartilhando o quarto comigo, ela não queria me incomodar; então, eu tinha que acordar o tempo todo para checar se ela precisava de uma troca. Era igualzinho ao tempo em que minhas filhas eram bebês, e qualquer barulhinho instantaneamente me acordava.

Naquela primeira noite, minha mãe se mexia na cama, fazendo sons de desconforto, e eu perguntei se precisava de ajuda. Ela não respondeu. Quinze minutos depois, escutei mais movimentos e perguntei novamente se precisava de ajuda. Outra vez, nenhuma resposta. No terceiro barulho inquieto, eu levantei, acendi as luzes, fui até o seu lado e perguntei com calma: "Mãe, você precisa de ajuda?".

"Eu estou molhada", ela disse, debilmente. Na noite seguinte, isto aconteceu novamente e ela disse: "Estou com dor". E, na terceira noite, "Estou com frio". Mas só me dizia estas coisas quando eu me levantava, acendia as luzes e sussurrava em seu ouvido. Era muito triste perceber que minha mãe não sabia como pedir ajuda.

E com estas três noites inquietas, a terceira sabedoria chegou:

Pedir ajuda não é um sinal de fraqueza, mas de coragem e autogenerosidade.

Por que não Pedimos Ajuda?

Toda mulher precisa de ajuda de tempos em tempos. Quando não temos coragem de pedir ajuda, é geralmente uma combinação de medo da decepção, vergonha, e uma autoimagem falsa, algo que, muito provavelmente, aprendemos com nossas famílias. Pode ser especialmente difícil pedir ajuda se você for o tipo de pessoa que está acostumada a ajudar demais os outros. Este é o caso com muitas mulheres que não sabem dizer "não". Elas vivem com o fardo excessivo de serem supermães, donas de casa perfeitas, supertrabalhadoras, as melhores filhas, as melhores amigas, as melhores avós, e a lista continua. Além de auxiliar as suas famílias e amigos, estas mulheres ajudam em suas igrejas, escolas, organizações locais e comunidades. Com o tempo, algumas destas mulheres poderosas tendem a se ressentir com o trabalho extra que fazem. Muitas vezes, seu desejo de ajudar vem de um sentimento de insegurança. Sentimos que temos que merecer nossa existência e não sentimos merecedoras de ajuda dos outros. Além do mais, tememos que estas pessoas não estejam dispostas a ajudar e que acabaremos ficando decepcionadas.

Mas a verdade é que pedir ajuda é uma forma de ser generosa com os outros. Pedir ajuda proporciona às pessoas a oportunidade de praticar "atos de gentileza" e também nos dá a oportunidade de praticar a "autogenerosidade".

Você pode estar pensando: "Generosidade não é o que todos fazemos quando doamos roupas velhas, alimentamos os pobres ou doamos dinheiro para a igreja?" Sim, mas todos estes tipos de generosidade não têm nada a ver com autogenerosidade. Quando damos aos outros a oportunidade de doar para nós seus tempos, ouvidos, abraços, compaixão, energias positivas ou uma troca de fraldas, praticamos ambos os lados da generosidade — dar e receber. Nós damos sem obrigação, pressão ou fardo. E recebemos sem vergonha ou culpa. É um bom sentimento, e merecemos nos sentir assim. E todos aqueles bons sentimentos que você tem quando se doa aos outros? Ao permitir que outros ajudem, você está dando a oportunidade para que eles vivenciem estes mesmos sentimentos positivos.

Quando enchemos nossos jarros com o que precisamos, eles podem até transbordar. Mas quando não permitimos que nossos jarros sejam preenchidos (pelos outros), eles eventualmente se quedam vazios. Ninguem pode ajudar ao outros com uma jarra vazia. É aí que entra o ressentimento.

A generosidade é um fluxo que precisa seguir em ambas as direções para ser saudável e equilibrada.

Como Praticar a Autogenerosidade

1. Sirva uma xícara de chá ou café e faça uma lista das pessoas para quem você poderia pedir ajuda, se ou quando precisar. Eu sei que você é muito autossuficiente e tem a maioria das coisas sob controle. Mas imagine alguns possíveis cenários em que poderia precisar de ajuda e pense nas pessoas que poderiam ajudá-la. Por exemplo: "Se eu ficar presa no trânsito e precisar buscar as crianças às cinco horas, para quem eu ligaria?" Inclua quantas pessoas você quiser, mas tente ter, ao menos, dez pessoas na lista. Não se preocupe com o que elas poderiam dizer, pensar ou fazer se você pedisse ajuda. Isto é só para você perceber que há generosidade ao seu redor, se prestar atenção.

2. Agende algo que a faz feliz hoje. A alegria pode curar a TPM, o mau-humor, *stress*, cansaço, sintomas da menopausa e fadiga. Ela permite que você pare um pouco e preste atenção em VOCÊ. Eu amo ir para um bom *spa* quando possível, bebendo chá envolta em um confortável roupão, esperando pela massagem ao som de canções New Age. Mas você pode se dar alegria sem gastar um centavo. Uma caminhada no parque pode ser tudo que você precisa. Note os pássaros e as plantas. Reconheça as seguintes palavras-chave: AGENDAR, HOJE e ALEGRIA. Se você não agendar sua hora de alegria, ela provavelmente não vai acontecer. Se você realmente não pode agendar sua alegria para hoje, marque para outro dia. Mas não adie muito. Escreva em seu calendário: andar de bicicleta, um jantar em um restaurante caro, uma trilha nas montanhas, uma manicure ou pedicure (feita por você ou por um profissional), uma aula de ioga, e assim por diante. Com esta ação, você está dizendo ao Universo e a si mesma que VOCÊ é importante.

3. Comprometa-se em fazer algo para si mesma todas as semanas. Pode ser tão simples quanto dormir até mais tarde um dia e pedir para seu(s) filho(s) ir(em) para a escola de carona com alguém. Talvez seja tirar um cochilo ou ir à academia na hora do almoço, ou ir para o salão de beleza depois do trabalho. Ou pode ser tomar um longo banho em uma banheira com sais.

4. Faça uma lista de tudo que você faz para os outros e que não lhe serve mais. Isto pode ser um pouco complicado, porque estas coisas que você fez provavelmente trouxeram alegria no passado. Ajudar os outros realmente deixa você feliz. A chave, aqui, não é parar de praticar sua generosidade, mas apenas fazer aquelas coisas com as quais você se sente bem, sem qualquer ressentimento. Uma vez que a generosidade se torna um fardo, decida se você acha que é necessário ou se pode parar de praticá-la nesta situação em particular.

5. Peça ajuda para um amigo ou membro de família e pratique se distanciar da resposta deles. Diga a si mesma que eles possuem o direito de dizer "não" e que este não é um reflexo dos seus sentimentos com relação a você. Talvez você queira pedir ajuda para limpar seu jardim ou para carregar um móvel pesado. Talvez queira que alguém fique de babá para você sair. O objetivo é simplesmente ficar mais confortável ao pedir ajuda.

Se você não está acostumada a fazer coisas boas para si mesma, estas práticas podem soar indulgentes demais, mas não são. Dê um descanso para você e selecione uma das sugestões. Com o tempo, elas se tornarão um hábito.

A humildade permite que recebamos ajuda sem qualquer vergonha. Então, pratique.

CAPÍTULO QUATRO

REFLEXO DA ALMA

DORMIR AO LADO DA MINHA mãe na casa da minha irmã me lembrou da minha entrada na minha vida maternal, ou seja, o trabalho físico de ser mãe, em 1996. Foi a primeira manhã na casa da minha irmã, e me senti exatamente como quando trouxe a minha filha para casa pela primeira vez. Estava cansada e ocupada na minha mente, com uma longa lista de afazeres. Mas me comprometi a meditar todas as manhãs, apesar de ter um longo dia à minha frente. Levantei-me e preparei o café da manhã da minha mãe, e depois dei um "banho de gato" nela com uma esponja, um balde de água e outro balde de água com sabão. Limpei seus ferimentos, dei seus remédios, escovei seu cabelo, ajudei-a a se vestir e coloquei ela na cadeira de rodas para levá-la à sala de estar. Então, troquei os lençóis. Minha irmã lavou os lençóis e, quando secaram, refiz a cama.

Ao meio dia, pude sair da casa da minha irmã e ir à casa da minha mãe para buscar seus pertences. Quando cheguei, meu irmão já estava lá, empacotando. Minha mãe só esteve ausente por uma semana, mas havia uma camada de poeira tão grossa que eu podia escrever meu nome nela. Era tão perturbador ver a desordem de onde minha mãe estava morando. Afinal de contas, esta era a mesma mulher que me obrigava a lavar as louças duas vezes quando me apressava, ou que me fazia voltar e varrer o chão novamente porque não tinha passado a vassoura embaixo das camas.

A almofada do sofá estava rasgada, havia pilhas de jornais no chão, o vidro da mesa de centro estava quebrado, pequenas pilhas de roupas dobradas estavam largadas por toda a casa e tinha lixo embaixo de todos os móveis. Também havia um grande vazamento de água no teto, devido a uma rachadura no telhado sobre o segundo quarto (no feng shui, esse é o canto financeiro da casa). Claro, minha mãe tem glaucoma. Eu me perguntei se parte do problema era porque ela não podia enxergar bem o suficiente para limpar direito ou se tinha desenvolvido um glaucoma para não ver no que a casa tinha se tornado.

Mas, com quatro filhos por perto, por que minha mãe estava vivendo desta forma? Tentei não julgar meus irmãos — afinal, eu também não fui uma presença constante.

Quando fui examinar as roupas da minha mãe, encontrei itens que eu tinha deixado na casa em 1988, quando fui para Nova York, porque não havia espaço na minha mala. A minha mãe não cabia mais nessas roupas. Ainda assim, não conseguiu se desapegar delas. Não há dúvida de que o processo de desapego é muito pessoal.

Após quatro horas de trabalho, indo e voltando ao meu carro com os pertences da minha mãe, meu irmão e eu deixamos a casa. Concordamos em voltar na próxima manhã, pegar mais caixas e contatar um comprador para vender os móveis.

Durante o longo percurso no trânsito, de volta para a casa da minha irmã, refleti sobre a energia de "escassez" da minha mãe, que a fez se apegar a todas estas coisas que eram pequenas, quebradas, manchadas ou rasgadas. Eram coisas que ela não utilizava, mas não conseguia se separar delas.

Já na casa da minha irmã, peguei cada item e perguntei à minha mãe quais ela queria manter. Pela forma como ela respondeu, percebi que ela estava chateada. Podia sentir sua raiva e frustração em relação à situação. Ela estava se desfazendo de tudo sem nem pensar — então, eu diminuí o ritmo. Estas eram suas coisas, sua vida e suas memórias. Com calma, amor e paciência, parei de "executar" sua vida (pelo menos, ela deve ter sentido que era isto que eu estava fazendo) e a lembrei de que poderia guardar o que quisesse. Desta vez, ela escolheu as roupas, sapatos, bolsas, cintos e outros itens. Antes de ir para a cama, pendurei todas as roupas, distribuídas por cores, e organizei seu novo guarda-roupa e gavetas para que ela começasse sua nova vida.

Feng Shui

Eu pratico feng shui desde 2002, quando minha cunhada me emprestou o livro – *Feng Shui: Harmonia dos Espaços*, de Nancy Santo Pietro e Lin Yun. O livro era muito fácil de ler e entender, e me ajudou a começar uma nova fase da minha vida. Aprender feng shui foi como despertar a sabedoria que já vivia dentro de mim, e foi uma forma natural para expressar minha filosofia de vida. Eu me viciei em feng shui e não conseguia parar de estudar, lendo todos os livros que encontrava. A sede por mais conhecimento me levou a estudar com Santo Pietro.

Feng shui é uma prática chinesa mais antiga que o tempo. No Oriente, principalmente na China, as casas e prédios não são construídos sem um mestre em feng shui revisando todo o terreno e abençoando-o para ter harmonia e prosperidade. A prática é baseada na crença de que tudo é energia, e que existe energia "auspiciosa" e "não auspiciosa". Feng shui é a forma como criamos equilíbrio em cada espaço ao gerenciar o *yin* e o *yang*.

Feng shui, literalmente, significa "vento e água". Apenas imagine o fluxo de energia — o vento se movendo sobre a água, sem qualquer obstrução. Esta é a forma que queremos que a energia para nossas casas, quartos, cantos, escritórios e vidas seja: fácil e fluída.

Agora, imagine o vento (energia) sobre a água (espaço) entrando em sua casa. Ele se torna desconcertante, agressivo ou fraco quando encontra itens quebrados, energias antigas, coisas sujas ou acúmulos.

Durante meus anos de estudo sobre o feng shui, me desfiz de muitas coisas antigas e quebradas, assim como de itens que não tinham qualquer valor sentimental em minha vida. Limpei a garagem, o quarto de lazer, os guarda-roupas e armários de cozinha. Foi um processo evolucionário, que durou anos.

Eu tinha um vestido, em particular, que já não cabia em mim, mas que havia custado muito caro, e eu tive dificulda-de em me desapegar dele. Demorei meses para me livrar da roupa. Uma ótima regra que eu aprendi de Jack Canfield, o autor de *Canja de Galinha para a Alma* e outros ótimos livros de autodesenvolvimento, é que se você não utilizou este item em um ano, doe-o, venda-o ou passe para alguém (isto não neces-sariamente se aplica a itens sazonais ou para ocasiões especiais como decorações de Natal, ternos e vestidos de festa).

Demorei mais de um ano para me livrar de toda as bugi-gangas, presentes que eu ganhei e não gostei, livros que nunca li, lembranças de antigos relacionamentos, e assim por diante. Minha mãe só teve cinco dias para decidir tudo.

Como resultado, entendi a quarta lição que aprendi da mi-nha mãe:

Nossa casa é o reflexo de nossa conexão com nossas almas.

Minha Casa, Minha Alma

Todas as almas são lindas, puras e infinitas. Então, como que meu pequeno espaço pode ser um reflexo de algo tão grande? Algumas pessoas são naturalmente desorganizadas, enquan-to outras têm obsessão pela organização. Isto significa que as pessoas com transtorno obsessivo-compulsivo estão mais conectadas com suas almas? De jeito nenhum!

Nossa conexão com a nossa alma é muito pura em suas fontes naturais. São nossos pensamentos e emoções que bagunçam a conexão e criam inércia. Quando estamos centrados, podemos manter nosso espaço limpo e organizado — ficamos completamente presentes em nossas vidas e tudo flui mais facilmente. Quando entra a desorganização, podemos corrigi-la sem esforço.

Quando não estamos centradas, a raiva, *stress* ou frustração nos impede de manter uma vibração de energia mais alta em nosso espaço. É aí que a sujeira, a bagunça e a desorganização invadem e ficam. Podemos sempre tocar o botão de "resetar" e limpar a casa todas as sextas-feiras, como minha mãe nos forçava a fazer, mas é necessária muita energia quando já estamos nos sentindo sobrecarregadas e esgotadas.

A solução fácil que as pessoas encontram para lidar com a bagunça é ignorá-la. Mas, quanto mais a ignoramos, mais ela se acumula. Quanto mais acumulamos, mais baixa fica a energia do espaço. Com o tempo, nos acostumamos com o baixo nível de energia e a viver conscientemente e sem fluxo.

A desordem, a desorganização e a sujeira são pequenos sinais do Universo de que precisamos diminuir o ritmo e nos conectar com nossa alma. Não precisamos largar tudo e tirar uma licença médica para limpar a casa. Tudo que podemos fazer é buscar a conexão interior para escutar a voz da nossa alma.

Quando ignoramos os alertas do Universo, a vida vai nos empurrar para a frente, geralmente de forma desconfortável e difícil. Como minha mãe, não teremos tempo para pensar. Ou você nada ou se afoga. No final, o resultado será aonde precisamos estar. Mas é muito mais fácil prestar atenção às mensagens do Universo para desapegar do que sermos forçadas a fazer o desapega de uma hora para outra. Não há necessidade de sofrer.

As mulheres são naturalmente intuitivas e, às vezes, acham fácil ouvir a voz da alma. É por isso que as mulheres acordam antes que o bebê comece a chorar à noite. Nós temos premonições. Os homens também têm intuição, é claro, mas a dominância do lado esquerdo do cérebro faz com que seja mais difícil para eles reconhecerem as mensagens que o Universo ou suas almas estão tentando passar, porque precisam de provas concretas. Buscam a lógica em vez de intuição, que alguns identificam como instinto. Mulheres com dominância do lado esquerdo do cérebro podem ter dificuldade em acessar suas intuições também, porque as pessoas cujo lado esquerdo do cérebro é dominante tendem a compartimentalizar seus mundos. No entanto, com um pouco de prática, escutar a intuição se torna algo natural.

Tanto as mulheres quanto os homens utilizam os lados direito e esquerdo de seus cérebros o dia inteiro. No entanto, as mulheres tendem a passar mais tempo no lado direito. Isto não é bom ou ruim. A chave é estar conectada com a alma e poder utilizar os lados direito e esquerdo do cérebro todo o tempo, mudando de um lado para o outro quando for apropriado.

A pergunta que todos os homens e mulheres fazem é: todas estas vozes que escutamos são as vozes da alma e da intuição? A resposta é não. A voz da alma é tranquila e calma. É fácil perceber, se você sabe o que é a paz e tranquilidade. A voz da alma não manda, briga ou julga. Ela não foca no problema. Em vez disso, oferece orientação, inspira e motiva. Você não vai ouvir a voz de uma líder de torcida, dizendo para ir em uma direção ou outra. Quando temos tempo para ouvir a voz interior que vem da alma, começamos a discerni-la da voz que vem do ego, com todo o seu medo, ansiedade, julgamento e pressa.

Por exemplo, a voz da alma nunca diria: "Jogue as roupas dele fora de casa", ou "Ligue para ele de novo", ou "Peça demissão agora". A voz da alma sussurra: "Está na hora de se amar mais", ou "Você vai se sentir melhor se limpar o quarto antes de ir para a cama", ou "Inscreva-se nessa aula", ou "Compre aquele livro". E a mensagem é sempre sem demanda ou raiva. A voz é persistente, mas não encomoda. Ela é suave, mas sua mensagem é clara.

Para ouvir sua alma, ajuda se você criar datas especiais com ela para alimentar este relacionamento especial, assim como faz com seu parceiro. Alguns dias, estamos muito cansadas para sentar e ouvir nossa voz intuitiva. Temos que dedicar tempo para recebê-la em nossas vidas.

No passado, as pessoas iam à igreja aos domingos para se conectarem com o divino. Alguns faziam isto para comprar um lugar no céu, outros para cumprir as expectativas da sociedade, e muitos outros para achar alívio para os fardos de suas vidas. Eu não necessariamente estou defendendo a religião; no entanto, as pessoas reservavam um tempo para estar com Deus ou um poder maior que elas mesmas. Crescendo no Brasil, nós sabíamos que "tínhamos" que ir à igreja no sábado ou domingo, e este horário estava sempre reservado. Antes de participar ao grupo de jovens da igreja, que era muito divertido, eu lutava para não ir a missa. Às vezes, ia no sábado de manhã para me livrar logo da tarefa. Não que eu quisesse, mas porque era obrigada. A chave para abrir espaço para se conectar à sua alma é "entrar no tempo" em vez de "fazer tempo". O pensamento "obrigação" não cria os momentos necessários para se conectar com a alma. Você só tem vinte e quatro horas por dia, e se tivesse um superpoder, você não terá uma hora a mais para se conectar com sua fonte — com Deus ou com qualquer outra força espiritual que você considere um poder maior. Quando você está em alinhamento com quem você realmente é, o tempo para se conectar com sua alma aparece em sua vida. Você pode começar a mudar sua energia hoje e influenciar a energia de sua casa, dos quartos, dos cantos ou do escritório. Isto ajudará você a criar momentos para que a orientação da alma chegue. Minha sugestão é ser congruente com seu espaço e elevar sua energia. Este capítulo vai mostrar algumas formas de fazer isto.

Melhore sua Energia e a Energia dos seus Espaços

Antes de você vestir um boné para esconder seu cabelo embaraçado, um casaco para ocultar seu pijama, pegar as chaves do carro e correr para comprar as coisas que precisa para melhorar sua energia e seu espaço, você precisa saber que tudo começa com você. Sim, todos os problemas em sua vida — os bons, os ruins e os indiferentes — foram criados por você. Não há motivo para se culpar. Todos temos que trabalhar para melhorar nossas energias e criar vidas melhores para nós mesmos e as pessoas ao seu redor.

Saiba que trabalhar com energia é um processo. Mas, antes de tudo, precisamos ter os pés no chão — ficarmos conectadas com a Terra. É o sentimento de cultivar a Mãe Natureza, estar e se sentir apoiada pelo Universo, e saber que tudo nos será dado. Quando sentimos nossos pés no chão, não nos apressamos, porque estamos alinhadas com o tempo divino. Sabemos que as ligações do trabalho podem esperar até segunda-feira, que a roupa suja pode ser lavada amanhã e que o frango pronto do supermercado é tão bom quanto aquele frango cru que você tirou do congelador de manhã. Entre no tempo para ter os pés no chão e veja (e sinta) como seus dias se tornarão fáceis. Eu encorajo você a tentar.

Pés no Chão

Todos nascemos com os pés no chão. As pessoas, eventos e nossos pensamentos sobre as coisas, eventos e pessoas são o motivo pelo qual perdemos esta característica. Cedo em nossas vidas, nossas conexões com a Mãe Natureza são fortes. Veja as crianças: elas conseguem passar de tristes a incrivelmente felizes em segundos. Isto é porque elas estão conectadas com a suas almas e são "grounded" - tem seus pés conectado com a terra. Esta conexão pode ser disconectada por um momento, mas com apenas um pouquinho de intenção ela se reconecta facilmente e automaticamente. Na medida em que a criança envelhece, a quantidade de tempo no qual ela está triste se torna cada vez mais longo, já que ela imita os adultos. Nós ensinamos nossos filhos a se desconectar da Mãe Natureza que ajuda todos a manifestar uma vida que desejam viver.

Quando envelhecemos, a conexão fica muito longe da fonte. Mas ainda, apenas o desejo pode ser suficiente para reconectar, mas deve ser forte e consistente. O resultado é que andamos nas ruas de nossas vidas sentindo-nos muito infelizes por mais tempo — e, para algumas pessoas, este tempo dura décadas.

A chave é se reconectar. Todos precisamos de reconexão regularmente, e a melhor forma que eu conheço é a meditação. Até mesmo professores de alta espiritualidade, como o Dalai Lama, precisam e querem se reconectar diariamente, porque conhecem o sentimento incrível de ser um só com Deus, com a fonte, com a Natureza — como você quiser chamar.

Meditação para Pôr os Pés no Chão

Muitas pessoas me dizem que não sabem meditar, que não têm tempo, ou que não conseguem fazer suas mentes pararem de pensar. Dizem que a meditação é para budistas ou monges do Tibete. Mas, na realidade, a meditação é uma conexão com Deus, com o Criador, com o Universo, com a alma, com o espírito divino, com o guia interior, com o seu "eu superior". A meditação é uma oração, um momento em que o coração se abre por meio do ar que respiramos e encontramos um lugar onde Deus fala e todos escutam. A medicação nos torna UM.

Algumas pessoas meditam sob pressão, como uma penitência, enquanto outras o fazem com o interesse de subornar Deus para ganhar na loteria ou para saber o nome do futuro marido. Apesar de que todas as meditações sejam boas e que qualquer meditação é melhor que nada, revelar a alegria da voz interior é algo súbito e profundo. Muitas vezes, o que precisamos escutar não vem a nós durante a meditação, mas a meditação treina o ouvido e coração para escutarmos. Para mim, a sabedoria geralmente vem na forma de um pensamento inesperado durante uma viagem ou quando acordo de manhã, antes mesmo de meditar. Parece que aquele pensamento sempre esteve dentro de mim.

Por muitos anos, não confiei naquela voz. Hoje, porque tenho uma prática diária de meditação, posso discernir a voz da minha alma da voz do meu ego. Quanto mais você escuta e segue seu guia interior, mais sabedoria você terá. No entanto, é importante não utilizar a meditação como uma bola de cristal. É uma forma de se relacionar intimamente com sua alma, que é parte de Deus — o Tudo Que Existe.

Existem várias formas de meditar, e não há uma forma errada. Nos próximos capítulos, você encontrará mais práticas de meditação, como a meditação para caminhar, a meditação do chuveiro, e até mesmo a meditação quando dirigir. A meditação que eu sugiro é para ajudar você a começar a prática. Ela é curta e será mais fácil para as pessoas que nunca meditaram antes ou que estão tendo dificuldade com a resistência à meditação — como muitos pensamentos na mente.

Quando você começa a prática da meditação, será guiada para encontrar uma que funcione para você. No entanto, é importante que se comprometa com algum tipo de prática. Enquanto pode fazer isto apenas uma vez e receber todos os benefícios, uma prática diária irá ajudá-la a criar uma conexão com sua alma e viver uma vida mais fácil. Não fique desmotivada se não meditar por um dia ou uma semana, ou se meditar bem por algumas semanas e, depois, desistir. Este é um processo. Uma vez que sua mente perceber essa conexão entre o bem-estar, bem-aventurança, e estados superiores de se sentir com a pratica da meditação, vai querer meditar sempre. Você pode começar com uma meditação para iniciantes de apenas cinco minutos e, então, ir lentamente fazendo meditações mais longas.

Você pode baixar a Meditação de Cinco Minutos em meu site http://www.ana-barreto.com/portugues.

Meditação de Cinco Minutos — Para Iniciantes

1. Encontre um lugar e horário em que você não seja interrompida por, ao menos, cinco minutos — mas pode ser mais tempo se você precisar de mais apoio. Sente-se com suas costas eretas, se possível. Escolha uma música relaxante se resolver fazer a meditação sem o guia.

2. Agora, feche os olhos e conecte-se com seu espaço, travesseiro ou cadeira. Sinta o tecido de suas roupas e a temperatura do ar. Qualquer barulho que escutar, deixe ir. Ester ruidos vam te levar a um lugar mais profundo.

3. Respire fundo e devagar três vezes. Inspire e expire pelo seu nariz duas vezes. Na terceira respiração, segure seu fôlego por nove segundos e expire pela boca. Concentre-se em sua respiração.

4. Agora, relaxe seu corpo inteiro, uma parte de cada vez:

5. Relaxe seu couro cabeludo.

6. Relaxe seus olhos e os músculos de sua face.

7. Relaxe seus ouvidos.

8. Relaxe sua mandíbula.

9. Relaxe seu pescoço e continue respirando.

10. Relaxe seus ombros. Geralmente acumulamos *stress* nesta área.

11. Relaxe seus braços, mãos e dedos. Lembre-se de respirar!

12. Relaxe a parte superior de suas costas e a inferior.

13. Relaxe seu abdômen.

14. Relaxe seus quadris e nádegas.

15. Relaxe suas coxas, joelhos e panturrilhas. Mantenha sua respiração lenta.

16. Relaxe seus pés e dedos do pé.

17. Coloque sua atenção em seu coração no centro de seu peito e respire.

18. Continue "respirando pelo coração" por um minuto.

19. Quando estiver pronta, abra os olhos, saiba que você está centrada e comece seu dia.

Meditação para Ter os Pés no Chão — Antes de Trabalhar com Energia

1. Encontre um lugar e horário confortáveis em que você não será interrompida por, ao menos, quinze minutos. Sente-se com suas costas eretas, se possível. Escolha uma música relaxante se resolver fazer a meditacão sem o guia.

2. Diga estas palavras em voz alta: "Este é um lugar sagrado, e assim será. Este é um lugar sagrado, e assim será. Esta casa (ou quarto) é um lugar sagrado, e assim será".

3. Agora, feche os olhos e conecte-se com seu espaço, travesseiro ou cadeira. Sinta o tecido de suas roupas e a temperatura do ar. Quando escutar qualquer barulho, deixe passar. Cada ruido vai te levar a um lugar mais profundo.

4. Respire fundo e lentamente três vezes. Inspire e expire pelo nariz duas vezes. Na terceira respiração, segure o fôlego por nove segundos e expire pela boca. Concentre-se em sua respiração.

5. Agora, relaxe o seu corpo inteiro, uma parte de cada vez:

6. Relaxe seu couro cabeludo.

7. Relaxe seus olhos e os músculos de sua face.

8. Relaxe seus ouvidos.

9. Relaxe sua mandíbula.

10. Relaxe seu pescoço e continue respirando.

11. Relaxe seus ombros. Geralmente acumulamos stress nesta área.

12. Relaxe seus braços, mãos e dedos. Lembre-se de respirar!

13. Relaxe a parte superior de suas costas e a inferior.

14. Relaxe seu abdômen.

15. Relaxe seus quadris e nádegas.

16. Relaxe suas coxas, joelhos e panturrilhas. Mantenha sua respiração lenta.

17. Relaxe seus pés e dedos do pé.

18. Agora, coloque sua atenção no topo da sua cabeça. Imagine um lindo feixe de luz circulando vinte centímetros acima de sua cabeça. Você pode escolher as cores rosa ou dourado. Esta é uma luz curadora, que vai remover qualquer energia que já não lhe serve. Esta luz é forte e está ficando cada vez mais forte a cada respiração. Imagine esta luz descendo pelo topo de sua cabeça, até sua testa, circulando ao redor de seus olhos, nariz, boca e garganta. Lembre-se de inspirar e expirar.

19. A luz continua a descer pelo seu pescoço, ombros, coração, estômago, braços, mãos e dedos, até a base de sua espinha, pelas suas pernas, até seus pés, saindo pela ponta dos seus dedos dos pés.

20. A luz continua a descer até a Terra, descendo e descendo e descendo, até alcançar o centro da Terra. Ali, você vai encontrar uma âncora pesada. Imagine que você amarra a luz à âncora com um forte nó. Continue inspirando e expirando! Fique ali por um tempo e sinta a energia da Terra.

21. Agora, leve a energia acolhedora e carinhosa da Mãe Natureza para cima por meio do fio de luz, começando pelos seus dedos dos pés, pés e pernas, até a base de sua es-

pinha. Fique nesta área onde suas nádegas encostam na cadeira. Sinta o fio de luz aumentar e deixar energia ali para manter você acolhida e segura. Essa area é o primeiro chakra responsavel pela energia de autocuidado, força de trabalhar, fazer dinheiro, e de sentir segurança.

22. Agora, leve a luz mais para cima para sua região lombar e para a parte superior das suas costas, passando pelo seu coração, ombros, pescoço e garganta. Permita que a luz continue subindo pelo seu nariz, olhos, testa, até o topo de sua cabeça, até o céu. Reserve um momento para sentir toda esta energia relaxante passando pelo seu corpo.

23. A seguir, concentre-se em sua respiração. Você pode começar a contar mentalmente cada inspiração por 1, 2, 3, 4, 5 e cada expiração por 1, 2, 3, 4, 5, 6, 7, 8 e 9.

24. Fique aí por três a cinco minutos e foque sua atenção em seu coração, enquanto continua a inspirar e expirar. Saiba que você está sendo apoiada pelo espírito da Mãe Natureza e que tudo o que você precisa ou deseja será dado a você facilmente e com fluidez.

25. Você pode começar a abrir seus olhos lentamente. Gentilmente, esfregue suas mãos e fique ali por um minuto, até que você esteja presente neste espaço e realidade. Agora, você está pronta para fazer algumas mudanças em sua vida.

Entendendo o Feng Shui Básico

Já mencionei que, quando estudei feng shui, visitava uma casa de uma amiga e encontrava a conexão entre o local da bagunça e o problema que ela estava tendo ou prestes a ter. Também encontrei esta conexão na minha própria casa com meus próprios problemas.

Existem muitas formas de melhorar sua energia, mas minha forma é o feng shui. Esta é uma visão geral muito breve do feng shui para ajudá-la a entender a relação entre seu espaço pessoal com as áreas de sua vida, para ajudá-la a identificar que áreas de sua casa precisam de atenção e como influenciar seu espaço com mais foco em vez de dissipar sua energia ao trabalhar com muitas áreas ao mesmo tempo.

Estas informações sobre feng shui não a tornarão uma *expert*. Se você sentir que quer, pode estudar sozinha ao comprar livros de ótimos professores, como Nany Santo Pietro, Denise Linn, Lillian Too e outros, ou ao frequentar aulas sobre o assunto.

Mas aqui está o básico: o objetivo do feng shui é harmonizar o espaço e criar equilíbrio no ambiente. Ele usa os cinco elementos da Natureza ou a representação dos elementos para criar um equilíbrio de energia em qualquer espaço. Esta energia se chama "Qi". Ela funciona para harmonizar o *yin* e o *yang*. Usa o Baguá (veja a imagem a seguir) para ajudar as pessoas a entenderem os nove trigramas que representam as áreas da vida de uma pessoa: carreira, pessoas prestativas/viagens, criatividade ou filhos, relacionamento, fama/reconhecimento, dinheiro, família, espiritualidade/educação e saúde.

Os entusiastas do feng shui moderno veem alguns dos entendimentos básicos do feng shui como senso comum. Parte dele realmente é senso comum, enquanto outros aspectos são mais complexos. Trabalhe em seu próprio ritmo e nível de entendimento.

Existem diferentes escolas de feng shui. Eu estudei bastante na Escola do Chapéu Preto, que foi adaptada para os ocidentais há muitos anos. Eu acredito que a escola mais popular de feng shui seja a Escola Bússola, que utiliza as direções (Norte, Sul, Leste, Oeste), números (datas, distância, números de casas), elementos (água, terra, ar, fogo, metal) e a forma de paisagem para encontrar posições favoráveis para prédios, móveis e objetos que proporcionam níveis propícios de energia para o espaço.

A Escola do Chapéu Preto também trabalha com direções, números e elementos, e também utiliza o Baguá (veja a imagem abaixo) como um mapa para representar o *yin* e o *yang* do espaço, assim como para impactar a energia do espaço que está conectada com as áreas específicas de nossas vidas. A principal diferença é que, em vez de utilizar o Norte, Sul, Leste e Oeste, posicionamos a direção baseada na entrada de sua casa ou quarto. Não importa a direção para a qual esteja sua porta, ela sempre será a área mais baixa do Baguá quando estamos olhando para uma casa. Se estamos olhando para um quarto, a entrada do quarto também é uma das partes mais baixas do Baguá. Se estamos olhando para uma escrivaninha, a área pela qual chegamos a ela para trabalhar é a parte mais baixa do Baguá.

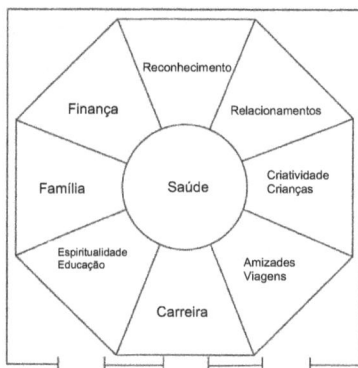

Parede de entrada

Como Utilizar o Baguá do Feng Shui:

Primeiro, desenhe uma planta de sua casa ou quarto.

A seguir, localize a porta e sobreponha o Baguá sobre a planta casa ou cômodo. Note que a entrada fica na área de Conhecimento.

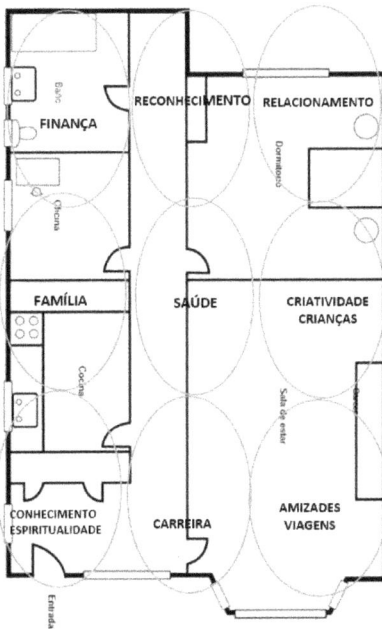

É assim que o Baguá sobrepõe um quarto ou qualquer cômodo.

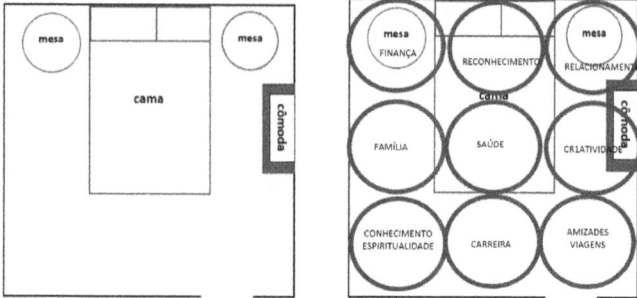

A seguir, identifique as nove áreas específicas da casa ou quarto para poder andar pelas nove estrelas para melhorar a energia e abençoar o espaço.

Você vai utilizar este processo ao fim de uma limpeza de energia, que vou explicar como fazer a seguir.

Limpeza de Energia das Áreas de Sua Vida

Agora que você está "grounded" conectada com a terra e tem um entendimento básico de feng shui, você pode obter os materiais que precisa para melhorar a energia de sua casa ou quarto.

Materiais. Produtos de limpeza e acessorios como a sálvia, sal grosso (marinho) e água benta (você mesma pode abençoá-la) e o processo do rastro das nove estrelas acima.

Idealmente, você quer limpar a casa toda, começando de trás para frente e de cima para baixo. Eu também recomendo fazer isto quando você se mudar para uma casa nova, antes de comprar os móveis e de as pessoas mudarem. Se sua casa for muito grande e você não tiver muito tempo, se estiver sempre cansada ou não dormir bem, escolha seu quarto. Se você estiver com problemas financeiros, escolha a cozinha. Para melhorar a área de trabalho, selecione o escritório, o *hall* de entrada ou o quarto. Para problemas de saúde, selecione o quarto. Limpar o quarto também vai melhorar qualquer problema de relacionamento romântico e todas as áreas de sua vida, se você dorme ali.

No dia em que você decidir melhorar a energia do espaço selecionado, tente não estar física ou mentalmente exausta ou com raiva ou outras energias negativas, já que provavelmente deixará esta energia indesejada no novo espaço limpo. Você deve estar se sentindo calma, centrada e inspirada. Se já estiver praticando a meditação, saberá o momento certo para fazer esse tipo de limpeza. Se não estiver no seu melhores dias, pode tentar a meditação para ter os pés no terra que eu mencionei mais cedo neste capítulo. É importante melhorar sua energia, primeiro. Uma vez que completar a meditação, você saberá se escolheu o dia certo para executar esta tarefa.

Não se preocupe se hoje não for o dia. Lembre-se que feng shui é um processo que dura a vida inteira. Forçar uma ação para a qual você não está física, mental ou emocionalmente pronta fará com que não viva no momento presente. Na minha experiência, quando eu acordo de manhã e faço minha meditação diária, sou imediatamente conduzida para a área que precisa de limpeza, ou outros projetos que precisam minha atenção. Outras vezes, começo uma limpeza normal e descubro que estou sendo atraída para limpar a energia de outra área da casa. Algumas vezes, recebi orientação durante a meditação para limpar um quarto, guarda-roupa ou uma área como a gaveta de minha escrivaninha. O "impulso" fica mais forte quando você começa a trabalhar com energia. Além disso, não é necessário meditar se você já fez limpeza de energia no passado. Mas eu recomendo que você faça a meditação para ter os pés no terra sempre que for trabalhar com limpeza de energia, para se certificar de que está centrada e conectada com a energia da Terra.

Agora que sua energia está centrada, pode começar a limpar o quarto. Eu recomendo os passos a seguir:

1. Mova todos os móveis e esvazie as gavetas e guarda-roupas. Então, varra, passe aspirador de pó, remova teias de aranha, lave as cortinas e limpe as janelas. Esta também é uma oportunidade para doar todas as roupas velhas que você não usa há anos. Remova as decorações excessivas, presentes de que não gostou e qualquer item que já não reflete quem você é hoje. Veja todas as fotos e pôsteres na parede. Eles possuem uma imagem positiva ou negativa? Fotos que transmitem solidão, confusão, perda ou raiva precisam ser removidas. Novamente, lembre-se de que este é um processo. Você pode se recusar a remover alguns dos itens que sabe, no fundo, que precisam ser jogados fora ou doado. Durante meu processo de limpeza inicial, eu tinha uma quadro do famoso Norman Rockwell de uma garota triste olhando para o espelho, desejando ser bonita. Eu amo o trabalho de Rockwell e não queria doar o quadro para a caridade. Então, eu a tirei do meu quarto e coloquei no corredor que leva à lavanderia.

2. Limpando os Quartos

a. O Quarto – Relacionamento, Saúde, Finanças

i. Para melhorar seu relacionamento, certifique-se de girar seu colchão e salpicar sal grosso (marinho) nele, com a intenção de remover energias negativas. Deixe o sal grosso ali por ao menos uma hora e remova-o com um aspirador. O sal absorve a energia negativa. Você também pode fazer isto após estar doente ou até mesmo se tiver um bom relacionamento e quiser melhorá-lo.

ii. Mude os lençóis, travesseiros e cobertas. Certifique-se de lavar a colcha e lençóis e jogue um pouco de sal grosso na máquina de lavar. Se você estiver trabalhando para melhorar sua energia amorosa para atrair um novo parceiro, compre um outro colchão, se possível, principalmente se dormiu com um ex-marido ou ex-parceiro neste colchão. Só aceite um colchão usado de pessoas que você conhece e se não puder comprar um novo. O mesmo funciona para travesseiros, cadeiras, sofás e mesas. Os travesseiros são mais fáceis de substituir, mas a cadeira e escrivaninha de seu ex precisam sair de casa. O sal grosso só ajuda temporariamente, até que você possa substituí-los. Além disso, se você puder comprar lençóis e colchas novas, isto ajudará muito para melhorar a energia do espaço.

iii. A cama, em si, e a posição da cama, é o mais importante. A cama deve estar de frente para a porta de entrada, mas não diretamente alinhada com ela. (Veja uma foto das posições da cama, abaixo). As melhores posições da cama são as 1, 2, 3 e 4; as posições menos favoráveis são as 5, 6 e 7. Você precisa de uma cabeceira, mas nada que seja demais opressiva para a pessoa que esteja deitada. Estas cabeceiras muito altas e escuras possuem uma energia muito forte para um quarto. As camas com cabeceira de pés também não são recomendadas, porque imitam um caixão. Por favor, nunca ponha o colchão direto no chão! Isso impede o fluxo de energia no quarto.

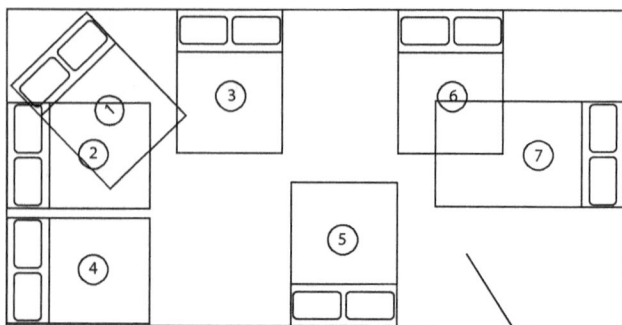

iv. Para melhorar sua saúde, você precisa fazer uma arrumação séria no quarto. Retire os livros, revistas e bugigangas. Tente comprar um novo colchão se você se recuperou de uma doença séria recentemente. A energia de uma doença séria fica no espaço. Apesar da maior parte da energia poder ser retirada de um colchão, a energia da doença possui muitas camadas e irá exigir profissionais para retirá-la. Certifique-se de que o colchão nunca seja colocado no chão e que não haja absolutamente nada guardado embaixo da cama. Para as camas com gavetas embaixo do colchão, mova a cama, limpe o chão embaixo dela, esvazie as gavetas e limpe-as. Devolva os itens que ainda são úteis e que estejam limpos e organize as gavetas até que elas estejam só meio cheias, e não transbordando. Compre novos travesseiros e colchas. Utilize a cor amarela em alguns itens do quarto, mas só se você gostar da cor e dos itens da decoração. Esta é a cor da saúde. Existem muitos tons de amarelo e é melhor escolher um que não seja muito agressivo.

v. Preste atenção nas paredes. Você não quer que elas estejam vazias, mas a arte ou os móveis na parede precisam apoiar a intenção de saúde. Se você tem o armário de sua avó e ela morreu de uma doença terminal, tire o móvel do quarto. Se comprou a cama em um brechó, verifique como se sente sobre aquela peça. Confie em sua intuição, mas limpe a energia de todas as formas.

vi. Para melhorar suas finanças, siga as instruções de limpeza acima. Certifique-se de que as gavetas não estejam transbordando. Livre-se de qualquer item quebrado e crie um espaço confortável e bonito. Você pode utilizar as cores verde ou roxa. Novamente, recomendo que você utilize uma cor de que realmente goste, em vez das recomendações do feng shui.

b. A Cozinha — Finanças, Carreira

i. Remova a comida vencida da despensa e da geladeira. Doe a comida que você comprou, mas que ninguém come. Descarte os recipientes excessivos, sacolas plásticas, canecas quebradas, pratos lascados, panelas desgastadas, etc. Limpe e reorganize os armários, a geladeira e o freezer. Certifique-se de que há espaço para itens melhores.

ii. A posição do fogão é considerada um elemento-chave para os problemas financeiros. Idealmente, o cozinheiro que estiver de frente para o fogão deve poder ver as pessoas que entram na cozinha facilmente. Se você estiver construindo uma casa ou reformando sua cozinha, preste atenção a esta regra. Senão, você pode utilizar um espelho para corrigir isto. Sempre mantenha o fogão limpo e não esqueça de limpar o forno. Utilize o fogão e o forno regularmente e faça um rodízio das bocas que utiliza.

iii. Doe os copos, canecas e pratos extras que não utiliza nem mesmo em ocasiões especiais. Remova o excesso de decorações, presentes de que você não gostou e qualquer item que já não reflita quem você é. Lave as cortinas e os vidros da janelas. Certifique-se de que há luz suficiente entrando nos comodos.

c. Escritório — Carreira, Finanças e Reconhecimento

    i. Para melhorar sua carreira, reconhecimento e finanças, limpe seu escritório. Organize os papéis, descarte contas velhas (sete anos ou mais), revistas antigas, livros, etc. Lembre-se de doar os livros antigos que já não lhe interessam. Limpe todas as gavetas e organize seus materiais. Remova as decorações excessivas das paredes, assim como qualquer item que já não reflita quem você é. Seu gosto evolui com o tempo. Tente manter o local limpo e organizado o tempo todo. Pergunte-se: "Se um cliente de um milhão de dólares entrasse aqui, eu estaria confortável em recebê-lo neste espaço? Esse escritorio reflete quem eu sou?". Você não precisa gastar milhares de reais para transformar o seu espaço.

    ii. Sua escrivaninha precisa ser firme e refletir a imagem que deseja que as pessoas tenham de você. Como a cama, a pessoa que utiliza a escrivaninha precisa estar com a visão para a entrada. Certifique-se de que ela seja completamente funcional. Substitua ou conserte mesas e cadeiras instáveis. É muito importante que o espaço do escritório esteja limpo, leve e convidativo, principalmente se você passa muitas horas trabalhando nele.

    iii. Veja todas os quadros e pôsteres na parede. Eles têm uma imagem positiva ou negativa? Se os quadros não transmitem sucesso e felicidade, encontre um novo lugar para eles ou descarteos. Então, substitua-os por outros quadros ou mensagens inspiradoras.

d. O Banheiro — Finanças

    i. A energia do banheiro é complicada. Na antiga tradição chinesa, os banheiros não eram feitos dentro da casa. Ao longo do tempo, os banheiros entraram nas casas chinesas, mas eram tão escondidos que a Qi (força da energia) não os encontraria e não levaria as finanças pelo ralo.

ii. É importante sempre manter os banheiros limpos (sem novidades até aqui, certo?). Mas a palavra-chave do banheiro é o vaso sanitário. A energia vai facilmente seguir a água. Por causa da poderosa energia de água do *yang*, precisamos sempre manter a tampa do vaso sanitário abaixada quando pressionarmos a descarga e quando não estiver em uso, para que a energia das finanças não vá pela descarga. Isso demora um pouco para todas as pessoas da casa aceitar e fazer, mas é algo que pode ser feito.

Liberação de Espaço

Depois que o espaço estiver limpo, está na hora de fazer uma liberação poderosa com o reforço dos três segredos: corpo, mente e espírito. Você vai utilizar um gesto chamado "Mudra de Expulsão" para se livrar da energia indesejada. Veja a foto do Mudra da Expulsão, abaixo. Você vai pensar no resultado que precisa para cada uma das nove áreas de sua vida, repetir o Mantra do Sutra do Coração nove vezes sentindo o resultado que deseja, enquanto anda pelo caminho das nove estrelas para fazer a limpeza de energia.

O Mantra do Sutra do Coração é: "GATE GATE, BORO GATE, BORO SUN GATE, BODHI SO PO HE". Este mantra é como uma reza e significa, em tradução: "Foi, foi, foi para a outra margem além. Oh, que despertar, salve!" (Pronuncia: "Gatee Gatee Boro Gatee, Bôro San Gatee, Bôdi Sô Pô Ri").

Acenda uma sálvia ou pegue um sino ou uma tigela tibetana. Essas sao as seus acessorios para limpar a energia da casa

Pegue o diagrama de sua casa ou quarto.

Pegue o diagrama com o traçado do caminho das nove estrelas na página (*** page of the nine stars pic) localize as nove áreas do caminho no espaço. Você pode andar com o livro, se quiser.

Localize a primeira parada do caminho da estrela, na área da Familia (lado esquerdo no meio) do quarto ou da casa, e vá até ela com acessorio de liberação que você escolher.

Respire fundo, comece a repetir o Mantra do Sutra do Coração nove vezes e, ao mesmo tempo, faça o Mudra de Expulsão ao fazer o movimento com os dedos nove vezes. "GATE GATE, BORO GATE, BORO SUN GATE, BODHI SO PO HE."

Pronuncia: "Gatee Gatee Boro Gatee Boro San Gatee, Bodi So Po Ri"

Enquanto você fala o mantra nove vezes, pense no resultado que deseja. Por exemplo, se estiver tendo muitas brigas familiares em casa, quando entrar na área da Familia, imagine sua família rindo e se dando bem. Se estiver no caminho da saúde (parada número 3) e recuperando de uma doença, imagine suas células felizes e curadas. Sinta o bem-estar e a alegria da saúde. Se você quer encontrar um parceiro, quando chegar à nona parada (Relacionamento), imagine-se no altar, amando e sendo amada. Eu recomendo que você trabalhe com intenções fortes em apenas três áreas da vida de cada vez. Isto irá melhorar seu foco.

Ande pelas nove áreas.

Agora, o espaço está pronto para apoiar sua energia e as energias das pessoas vivendo na casa. Isto vai ajudar você a escutar sua voz interior e evitar que seja empurrada pelo Universo quando menos esperar.

Descobri que este processo geralmente demora um dia inteiro, já que faço pausas para comer, beber, cozinhar, ir ao mercado porque estou sem produtos de limpeza, atender o telefone, ficar distraída em outra área, e assim por diante. Eu gosto de tomar um banho após limpar, admirar meu trabalho e utilizar o espaço para meditação só ao fim do dia, antes de dormir.

Importante: Este processo pode perturbar seu sono por duas ou três noites. Você pode acordar entre as 2 e 3 horas da manhã após fazer a limpeza de energia. Isto acontece porque você elevou a energia do espaço, e a energia do seu corpo está acostumada à energia antiga, que é mais densa. Não se preocupe. Você vai dormir melhor após a segunda ou terceira noite. Também não se preocupe com a falta de sono. Embora você possa perder uma a três horas de sono após uma limpeza de energia, a sua energia física não será impactada.

Faça um favor a si mesma e não conte aos outros sobre acordar no meio da noite. Isto não é insônia; é progressão espiritual! Você provavelmente terá *insights* incríveis durante este tempo. Leve um papel e uma caneta com você para todos os lugares e anote os *insights*. Sua intuição estará com tudo!

Você e Tudo são Energia

Conhecemos a energia como a corrente elétrica passando pelo micro-ondas ou pelas luzes que ficam no teto. A Ciência evoluiu bastante na descoberta de que nada fica parado e que tudo está se movendo, criando, dispersando e transformando energia.

A cama, a mesa, a maquiagem, as roupas, aquelas sandálias lindas de $500 reais que você viu na loja, todas são energia. Todos somos fontes poderosas de energia. Até mesmo nossos pensamentos são energia. Sim, aquele falatório constante na sua mente sobre as crianças, o emprego, a casa, o arroz e feijão no fogão, o acidente de carro e o trânsito são energia. A fofoca ou bom conselho que você dá ao vizinho é energia. Os pensamentos calmos após a meditação são energia. A música que você escuta, o som das ondas ou de um martelo em uma construção são energia. As fotos que você tem na parede são energia. O álbum de casamento ou conta de cartão de crédito têm energia e são energia. Sim, tudo é energia. Tudo possui pequenas moléculas que se movem o tempo todo.

Você já entrou em uma loja e decidiu sair logo em seguida? Percebeu a energia da loja, que era oposta à sua. Não significa que a energia da loja era ruim. Só significa que sua energia e a energia da loja eram muito diferentes.

A energia se comporta como a água, que se contrai e se expande. Ela muda de cor, nutre e acaba com as coisas. Constrói e destrói. Ainda assim, é um elemento necessário na vida de todos. A energia também é como a música. Ela pode impactar seu humor com alegria ou tristeza. Pode ajudar você a relaxar ou a enlouquecer. Pode acalmá-la ou fazer você se sentir surda. Nossa energia pode contaminar ou limpar a energia dos outros e dos espaços em que estamos. Agora que sabe que voce é energia, seria prudente saber como pode gerenciar a energia dentro de você e ao seu redor. Eu vou arriscar, aqui, e assumir que você gostaria que a sua energia e que a energia ao seu redor fossem acolhedoras, estimulantes e prestativas, para construir seus sonhos.

Você Pode Mudar sua Energia

Se você não gosta da energia das pessoas ao seu redor, precisa trabalhar na sua própria energia. Se você não gosta das pessoas com quem trabalha ou mora, ou do ambiente onde trabalha ou passa seu tempo, precisa trabalhar na sua própria energia. Entenda, você não pode culpá-las. É você!

Não entre em pânico se você acha que seus colegas são egoístas, falsos, sugadores de energia ou rainhas do drama. Sim, há uma chance de que você tenha a mesma energia egoísta, falsa, sugadora de energia e rainha do drama em você. Mas também pode ser que se acostumou a carregar este nível de energia em casa e em outros lugares de trabalho. Se não estiver feliz com isto, mude. Eu sei que é fácil falar, mas você já está no caminho, já que já trouxe isto para sua consciência. Você está pensando nisso agora, e o primeiro passo para a mudança é saber do que *não* gosta. Então, poderá descobrir do que você *de fato* gosta.

Por exemplo, se você não soubesse o que é a escuridão, não poderia saber como procurar pela luz. Se você não conhecesse o baixo, não procuraria pelo alto. A infelicidade temporária é um bom lugar para começar se você planeja ficar pouco tempo neste estado. Infelizmente, as pessoas se acostumam a se sentir infelizes e ficam ali mais tempo do que é necessário. Mas na verdade, é apenas uma fase.

Eu, geralmente, não me dou mais do que algumas horas para reclamar ou ficar com raiva. Depois, libero tudo. Se o problema for muito grande, eu me dou vinte e quatro horas para sair dessa energia negativa, porque eu sei o tanto mal que faz estar nessa energia que distroi as vidas felizes. Isto requer prática. Depois que você tiver entendido de fato como este estado de negatividade impacta sua energia e sua vida, não vai querer dar mais tempo do que é absolutamente necessário para sair do buraco. Seja paciente consigo mesma e reconheça que isso é um processo. Você chegara lá, se realmente quizer.

Também, se você já sabe que se esgota por meio das emoções, vai querer prestar muita atenção a este capítulo para aprender como mudar sua energia.

Gerenciando sua Energia

A energia de algumas pessoas é muito forte — e, de outras, nem tanto. A energia forte é ótima quando é positiva, animada e acolhedora, mas não é nada agradavel agradável quando é negativa, desanimadora ou depressiva. De todas as formas, uma curta dose de energia negativa pode ser um catalisador para as pessoas mudarem e buscarem a energia positiva. Esta dicotomia é o mistério da energia que precisamos entender, praticar e dominar.

Além disso, a energia de seu espaço irá lentamente influenciar em sua energia interna. Aqui está uma forma de saber se sua casa está aumentando ou reduzindo sua energia:

Acorde cedo e vá caminhar em um parque limpo e verde ou na praia por, ao menos, trinta minutos. Respire o ar puro, note as flores, árvores, pássaros, animais, o mar e o céu. Antes de voltar para casa e entrar pela porta, preste atenção ao seu nível de energia e o avalie de 1 a 10, sendo 1 o mais baixo e 10 o mais alto. Pergunte-se: "Em que nível está minha energia?" Se estiver abaixo de 5, volte para o parque oa a praia e ande por mais trinta minutos. Desta vez, certifique-se de permitir que as árvores, folhas, flores, pássaros, mar e o céu realmente a afetem. É impossível ter contato com a Natureza por trinta minutos e não melhorar seu nível de energia ao menos um pouco. Esta é uma meditação para caminhadas.

Após completar o exercício, veja sua energia novamente antes de entrar em casa e encontre seu nível de energia, que deve estar entre 6 e 10. Entre novamente na casa e faça sua rotina normal por quinze minutos. Então, verifique sua energia novamente. Ela melhorou, diminuiu ou ficou a mesma coisa? Se sua energia continuou a mesma ou melhorou, você está fazendo um ótimo trabalho com a energia de sua casa. Se seu nível de energia diminuiu, você precisa trabalhar nisto. Comece a planejar seu dia de feng shui para um futuro próximo.

Avaliando sua Energia

Sua energia irá influenciar em seu espaço lentamente. Então, a energia de seu espaço irá influenciar sua energia interna. A questão é quem influencia o quê, ou o que influencia quem? A resposta é ambos. É um tango — não samba — que nosso espaço e energias pessoais dançam todos os dias. Na verdade, se você encontrar um momento para dançar — seja um samba ou qualquer outra dança em sua casa — isto irá melhorar tanto sua própria energia quando a de seu espaço.

Eu recomendo que você gerencie sua energia primeiro e, então, utilize-a para transformar a energia do espaço. Aqui estão algumas formas de ajudá-la a gerenciar sua energia:

1. **Banho.** Sim, é simples assim. Nossos corpos são aproximadamente 60% água. A água tem sido utilizada para abençoar muitas pessoas em diversas religiões. Ela refresca e transforma seu humor, o que muda seus sentimentos. Uma mudança positiva em seus sentimentos é o componente mais importante para mudar sua energia. Se você estiver se sentindo doente, tome um banho. Se brigou com alguém, tome um banho. Se teve um dia ruim no trabalho, tome um banho. E lave o cabelo. Algumas mulheres, principalmente aquelas com cabelo cacheado, não lavam seus cabelos diariamente, mas sua energia mudará rapidamente se você o fizer. Não precisa usar xampu, apenas deixe a água fazer sua magica. Sinta-se à vontade para utilizar um sabonete perfumado, uma ducha quente ou um gel de lavanda, baunilha ou eucalipto. Estas fragrâncias ajudam a melhorar seu humor também. Tanto faz tomar um banho no chuveiro ou na banheira.

2. **Comida.** Alimentos coloridos e saudáveis mudam seu humor. Eu não estou falando da caixa do Lanche Feliz que você encontra em alguns restaurantes, apesar de mudarem seu humor temporariamente. Tomates vermelhos, tangerinas laranjas, limões amarelos, couves verdes, mirtilos azuis e uvas roxas são alguns exemplos de comidas que irão impactar seu corpo, seu humor e seus *chakras* – os centros de energia do corpo, sobre os quais eu vou falar no capítulo 7. Se você gosta destes alimentos, verá uma melhora instantânea.

3. **Natureza.** Passar quinze minutos na Natureza é suficiente para remover a energia densa em seu corpo. Trinta minutos irão reabastecer sua energia positiva a um bom nível, e quarenta e cinco minutos lhe darão um "gás extra" para aguentar até o próximo encontro com a Natureza. Qualquer pessoa do setor de serviços ou da saúde que tem contato extenso com pessoas precisa de, ao menos, quarenta e cinco minutos na Natureza por semana — no mínimo. A Natureza é o remédio orgânico de recarga de energia que está disponível para todos nós, de graça. As altruístas árvores, grama e flores ficam muito felizes em nos ver e se conectarem conosco, porque temos um relacionamento simbiótico com elas. Elas pegam o monóxido de carbono que expiramos e o transformam em oxigênio. É assim que elas nutrem a si mesmas e a nós. Além do mais, nossa energia aumenta automaticamente quando estamos cercados da cor verde.

4. **O Sol.** Passar dez a quinze minutos no Sol, mesmo se apenas por uma janela dentro de casa durante o inverno, pode aumentar sua energia drasticamente. Tente deixar a luz do Sol entrar em contato com sua área do abdômen e coração. Sinta o calor e veja sua energia aumentar instantaneamente.

5. **Meditação de manhã.** Passar cinco minutos de manhã cedo meditando pode fazer maravilhas para o seu nível de

energia e sua saúde. O primeiro momento em que você acorda é o mais influente do seu dia. Se você começar com níveis positivos de energia antes de ser seduzida pela baixa energia ao seu redor ou pelas preocupações do dia anterior ou do amanhã, conseguirá manter um nível positivo de energia durante o dia. Quando você acorda, está revigorada e sua energia está naturalmente mais alta. A meditação ajuda a manter a energia assim por mais horas.

6. **Dormir.** Quando você dorme, tira um descanso dos processos negativos de pensamento habituais e reinicia sua mente. Idealmente, na medida em que você começa a acordar, tenha pensamentos positivos e concentre-se por, ao menos, cinco minutos antes de se levantar. Funciona! Enquanto você acorda, comece a pensar coisas positivas como "Eu amo minha vida", "Tudo está bem" , "Tudo será resolvido" e "Eu amo como minha vida flui facilmente". Atenha-se a termos "gerais" e longe dos grandes problemas com os quais você pode estar lidando, já que eles têm o potencial de baixar sua energia, até que você possa gerenciar suas emoções.

Existem grandes benefícios em tirar cochilos de trinta, sessenta ou noventa minutos. Por exemplo, você pode "reiniciar" seu humor. Os cochilos dão ao seu corpo a oportunidade adicional de curar doenças. Além do mais, uma soneca de noventa minutos pode levar você aos estados meditativos de Alfa e Teta, onde as mudanças de personalidade mais profundas podem acontecer.

Se você brigou com alguém, cochile. Se você estiver estressada no trabalho, cochile.

7. **Faça Exercício.** Caminhar, andar de bicicleta, jogar futebol, dançar — qualquer atividade física — irá melhorar sua energia se gostar do que está fazendo. Se você realmente ama o exercício, ele irá impactá-la imediatamente, e você notará o suficiente para querer praticá-lo mais vezes. Andar na praia lhe dará o dobro de energia, porque você

estará se exercitando na Natureza e perto da água. Andar de bicicleta em uma trilha também dá o dobro de energia.

O objetivo é escolher ao menos uma destas sugestões e torná-las parte de sua rotina diária ou semanal. Comece ao fazer coisas que você gosta — por exemplo, comer morangos pela manhã, se gosta de morangos. A cor vermelha irá energizar seu *chakra* que controla sua habilidade de fornecer autocuidado com comida, casa, segurança, etc. Talvez você já caminhe regularmente, mas, agora, fará isto durante o almoço ou irá parar no parque no caminho de casa ao fim do dia. Você pode misturar qualquer uma das sugestões durante a semana. Lembre-se, você deve gostar da atividade!

Nota. As pessoas que não estão acostumadas a ter contato com a Natureza podem ter uma forte reação à ideia de caminhar por trinta minutos ao ar livre. Não estou sugerindo que você vá acampar na floresta no topo de uma montanha por uma semana (a não ser que queira). Mas estar com a Natureza é o processo mais natural para aumentar sua energia. Por isso, experimente — mesmo se você não quiser. Eu notei que as pessoas que passaram muito tempo sem contato com a Natureza tendem a não querer sair para caminhar. Mas, uma vez que estão lá e fazem uma caminhada fácil, sem montanhas ou pedras, revivem sua conexão com a Natureza e sentem a diferença em suas energias.

O que você vai fazer hoje para mudar sua energia?

CAPÍTULO CINCO

A FELICIDADE MUDA DE NOME

NA SEGUNDA NOITE DORMINDO ao lado da minha mãe, as coisas foram iguais à anterior. Dei seu remédio o mais tarde possível para que eu pudesse dormir por mais tempo — assim como eu alimentava minhas filhas o mais tarde possível para dormir mais tranquilamente.

Na manhã seguinte, voltei à casa da minha mãe para continuar com o trabalho de doar os móveis, selecionar as coisas para guardar e os itens para dar aos meus irmãos e à caridade. A missão original mudou de se livrar de tudo para desfazer de *quase* tudo. Nas gavetas, eu encontrei papéis de 1985, recibos do supermercado e da farmácia, contas de telefone, receitas médicas de 1988, raios-X de 1999, contas de cartão de crédito e extratos de banco, contas de luz, cartões de Natal antigos. Era como se o passado dela vivesse entre os comodos, esperando para ser resgatado.

Senti uma forte compaixão quando percebi que sua visão e força estavam piores do que havíamos percebido. Será que sua catarata a impediu de ver o acúmulo de poeira e o caos de sua casa? Qual veio primeiro: a catarata ou a poeira?

Ainda me sentia sobrecarregada e estava indo de um lado para outro sem completar uma área inteira. Encontrei coisas antigas e outras novas, ainda em suas caixas — nunca abertas. A energia da casa era tão densa que até mesmo para alguém como eu, que sabe como trabalhar com energia, foi difícil me concentrar na tarefa.

Enquanto empacotava as coisas e atendia a uma ligação para negociar a compra de um guarda-roupa e uma mesa de centro quebrada, encontrei uma cópia em papel-carbono de uma carta que minha mãe escreveu para sua irmã, que morava em Salvador. Ela guardava uma cópia de todas as cartas que escrevia. Minha mãe datilografava suas cartas em uma máquina de escrever Remington, apesar de ter uma linda caligrafia. Meu pai comprou a máquina de escrever para seu negócio, mas a utilizávamos para digitar nossos trabalhos da escola.

Comecei a ler sua carta e, ao fim do segundo parágrafo, chamei meu irmão, que estava empacotando as coisas no segundo quarto. Li a carta em voz alta desde o começo, e minhas lágrimas logo saíram de controle.

A carta foi escrita no dia 26 de setembro de 1984. Era uma resposta à missiva de sua irmã. Eu não tenho o original da minha tia, mas é fácil entender o que havia na carta que ela escreveu à minha mãe.

Não irei transcrever a carta de quatro páginas, mas era uma resposta à acusação da minha tia de que minha mãe havia pegado dinheiro da mãe delas, depois que minha avó vendeu uma de suas casas. Minha tia queria um pouco do valor que a minha avó tinha enviado à minha mãe. Ela, por sua vez, disse à irmã que minha avó ligou chorando um dia, porque minha tia (que escreveu a carta) tinha exigido receber uma parte do que havia conseguido ao vender uma das casas que construiu com seu próprio dinheiro. Minha mãe não sabia do acordo delas, e disse à minha avó que, enquanto estivesse viva, não precisava dar dinheiro para nenhum de seus filhos.

Minha avó sabia da situação financeira da nossa família e enviou um dinheiro da venda da casa para minha mãe. Minha tia alegou que aquele dinheiro pertencia a ela, mesmo que não tivesse ajudado com a construção da casa.

Minha mãe também contou à irmã sobre as dificuldades da nossa família — como perdemos dois apartamentos por falta de pagamento e como voltou a trabalhar para sustentar a família, além de ter que pagar dois anos de mensalidades atrasadas da escola, porque meu pai não estava ganhando dinheiro suficiente. Minha mãe disse que a ajuda financeira que minha avó nos deu foi espontânea, e que ela tinha aceitado a ajuda porque havia semanas em que nós não tínhamos como comprar comida.

Na carta, minha mãe compartilhou sua gratidão à irmã por ajudar seus pais durante os últimos dias de vida da minha avó. Lembrou-a de que teria feito o mesmo se morasse por perto. A minha mãe não pôde nem ir ao funeral do pai, porque não tinha o dinheiro para comprar a passagem.

A parte mais triste da carta foi a visão da minha mãe das dificuldades de sua vida. "Foi meu castigo de Deus por fugir de casa aos vinte e nove anos para estar com meu marido." Seus pais não aprovavam o relacionamento.

Lendo esta carta com lágrimas nos olhos, a quinta lição chegou:

Temos o direito e a responsabilidade de encontrar nossa própria felicidade.

Conectando-se com os Desejos da Alma

Quem foge de casa aos vinte e nove anos de idade? Está muito além do momento certo de começar uma vida e encontrar sua própria felicidade. É o direito da alma! Muitas vezes, "olhamos pelo retrovisor" e pensamos que algumas de nossas escolhas foram erradas, e sentimos tristeza e ressentimento. A verdade é que nossos desejos mais profundos nos levam a agir em busca da felicidade, mesmo se o caminho não parecer feliz na perspectiva dos outros. Tudo o que fazemos é porque pensamos que nos trará felicidade ou evitará a dor. Certo, errado ou indiferente, é o que podemos fazer naquele momento, de acordo com as circunstâncias e com nosso nível de consciência.

Se uma mãe grita com seu filho é porque, naquele momento, ela não tem a habilidade de fazer algo diferente. É verdade que tem a escolha de falar com calma e explicar sua opinião, mas naquele instante, não é possível. Talvez por uma dor de cabeça, frustração no trabalho, uma reação inconsciente, medo ou ego, que a levam a aumentar seu tom de voz. Tudo é consequência do nível de conexão com sua alma.

Se minha mãe decidiu deixar a casa de seus pais, seu trabalho, sua família e seus amigos para estar com o homem que amava, era o que queria, baseada nos desejos de seu coração e no seu nível de consciência. Aquela foi sua decisão.

Todos temos escolhas fundamentadas no nível de conexão que temos com nossas almas. Quando esta conexão é fraca, criamos raiva, tristeza e ressentimento. Quando a conexão é forte, conversamos e comunicamos nossas opiniões com calma, clareza consistentemente. Outros podem gritar, mas permanecemos centradas, sem a influência de níveis mais baixos de energia. De todas as formas, não há motivo para nos culparmos por não termos um nível maior de consciência quinze minutos atrás ou há dezessete anos, quando gritamos com uma criança ou deixamos nossas casas.

Imagine que você é dona de uma roda gigante com controle remoto. Não precisa esperar na fila ou contratar um operador, porque é sua. Você acorda uma manhã e descobre que a roda parou e está esperando pelo seu embarque. Você sobe e ela começa a se mover rapidamente, da forma como você gosta. Claro, se alguém tenta subir nela enquanto está girando rápido, esta pessoa não vai conseguir. Se tentar, será repelida.

A mesma coisa acontece com nossa conexão à nossa alma. Quando nos levantamos de manhã e meditamos ou rezamos antes de ver o celular, e-mail ou as notícias do jornal, podemos nos conectar facilmente com nossas almas. Primeiro, a conexão é lenta, mas firme. E com pensamentos de gratidão e positivos, amor e uma boa refeição saudável, a conexão fica mais forte e rápida, como uma roda gigante. Más notícias, pessoas negativas e a maioria das energias negativas não conseguem entrar em nosso espaço. Elas são expulsas. É quase como se fôssemos invisíveis para aquelas energias, porque estão em uma vibração diferente. É assim que fazemos as escolhas que apoiam nossos desejos mais profundos e como a vida começa a se mover com facilidade e fluidez.

Coisas que acontecem conosco não são boas ou ruins na perspectiva da alma, nem são um castigo de Deus. Deus nunca castiga — NUNCA! Deus ama. Estas coisas que chamamos de "boas" ou "ruins" são situações que criamos consciente ou inconscientemente. Elas existem sem uma definição porque não as entendemos completamente nem sabemos os planos da alma, e muitas vezes não estamos conscientes de nossos sentimentos e pensamentos mais profundos.

Sim, nós, inadvertidamente, criamos o acidente, o despejo, a perda de um emprego, a falta de dinheiro, a doença, o divórcio e as brigas. Temos o direito de buscar nossa própria felicidade com a liberdade que Deus, o ser superior, o Universo — como você queira chamar — nos deu. Ele não interfere em nossas escolhas, sejam elas conscientes ou inconscientes. Não é que Ele estava assistindo minha mãe ser atropelada por um carro e a deixou se machucar. É que Ele sabe que ela tem o direito de criar os desejos de sua própria vida e alma. É por isso que temos impulsos que não entendemos. Muitas vezes, o acidente, doença ou qualquer acontecimento que chamamos de ruim é uma forma de proteção.

Quando o que chamamos de coisas ruins acontecem, ainda temos uma outra escolha: aceitá-las ou não. Quando aceitamos algo pelo que é, nos reconectamos com nossas almas e encontramos felicidade em nossas jornadas. Quando rejeitamos, prolongamos a dor, o acidente ou a perda do emprego.

Não há erros em nossas escolhas quando buscamos nossa própria felicidade. Há uma sabedoria infinita trabalhando, conspirando para sermos felizes. Todos os dias, descobrimos novas coisas e nossos desejos mudam. Podemos tornar a estrada para a felicidade mais fácil ou mais difícil, curta ou longa. Ela ainda é a estrada para a felicidade, e é nossa decisão.

Quais são os desejos de sua alma? Algumas pessoas procuram videntes, leituras de tarô, búzios, conselheiros profissionais, Deus, anjos, padres, pais de santo e outros, por respostas. Mas só você pode saber os desejos de sua alma. Eu não condeno buscar orientação destas fontes, e algumas delas podem ter o que você precisa para começar seu caminho para a felicidade. Todas elas podem silenciar o barulho ao seu redor, que a está impedindo de escutar sua voz interior, mas, no fim, só você pode se conectar e decidir o que quer ser, fazer ou ter para ser feliz. Sua alma só quer a sua felicidade. É sua escolha descobrir o que a faz feliz.

Um Exercício para Descobrir os Desejos da sua Alma

Aqui está um exercício para ajudá-la a "lembrar" quais são os desejos de sua alma. Sim, eu disse "lembrar", porque a alma já sabe de tudo desde o começo dos tempos. Você pode fazer o download desta meditação no site http://www.ana-barreto.com/portugues.

Meditação de Conexão da Alma

Encontre um lugar calmo em um momento em que você não será interrompida por quinze a vinte minutos e sente-se em uma cadeira confortável.

1. Esfregue suas mãos por cinco a sete segundos. Respire fundo e lentamente três vezes, inspirando pelo nariz e expirando pela boca.

2. Feche seus olhos lentamente e imagine uma luz branca circulando em cima de sua cabeça.

3. Então, imagine a luz entrando em sua cabeça, viajando pelo seu corpo, indo para o seu cérebro e removendo qualquer pensamento que já não lhe serve.

4. A luz desce para seus olhos, removendo qualquer coisa que esteja bloqueando sua visão, e desce até seu nariz e boca, removendo qualquer coisa que esteja bloqueando sua voz. Depois, ela desce para seu pescoço, removendo qualquer bloqueio de comunicação.

5. A luz chega ao seu coração e entra em cada artéria, levando luz para cada parte do seu corpo, passando pelos seus braços, mãos e dedos.

6. No olho de sua mente, você pode ver como seu tórax fica mais claro pela luz em seu coração e você a sente removendo qualquer sofrimento que já não lhe serve. A luz continua descendo pelo seu estômago e umbigo, removendo qualquer emoção negativa estiver mantendo você no passado.

7. A luz viaja para a base de sua coluna e circula ao redor de seus órgãos sexuais e quadris. Então, ela desce para suas pernas, pés e dedos dos pés, saindo por meio de buracos imaginários nas pontas dos seus dedos.

8. Agora, preste atenção em seu coração e imagine uma pequena luz brilhante bem no centro dele, do tamanho de uma moeda. Esta luz está crescendo cada vez mais, iluminando seu coração e se espalhando por todo o seu corpo. Você pode sentir o calor da luz em seu corpo.

9. A luz agora sai do seu corpo por cima de sua cabeça e aparece na sua frente. Esta é uma luz divina. Esta luz é sua alma.

10. Sinta o amor que sua alma sente por você. Sinta o amor infinito. Sinta o amor inacreditável, enorme e incondicional que sua alma tem por você. Deixe as lágrimas virem, e fique com o amor sendo transmitido entre você e sua alma.

11. Pergunte à sua alma: "Qual é a vocação da minha vida?" E espere para ouvir uma resposta. Pergunte algumas vezes até você escutar, sentir e saber a resposta. A resposta pode vir em uma voz quieta, um pensamento, uma sabedoria, uma foto ou um pensamento. Acredite neste sentimento de conhecimento e não duvide dele. Você pode não entender a resposta ainda, mas não tem problema.

12. Quando você escutar a resposta, abra seus olhos e escreva a mensagem. Então, feche os olhos novamente e fique com o sentimento por alguns minutos.

13. No olho de sua mente, veja sua alma voltar ao seu corpo por cima de sua cabeça, descendo pelo seu pescoço e voltando a descansar em seu coração.

14. Gentilmente, toque seu coração e agradeça sua alma pela presença e sabedoria que foi compartilhada com você. Abra seus olhos novamente e faça qualquer outra anotação que lhe vier à mente. Saiba que você pode contatar sua alma a qualquer momento. O amor e sabedoria de sua alma estão disponíveis para você sempre que precisar.

Conversando com sua Alma

A experiência de sentir o amor incondicional de sua alma é imensa e intensa. Na primeira vez que você se conecta com a sua alma, é muito comum sentir emoções fortes (tristeza, alívio, animação, alegria, etc.), como se você estivesse voltando para casa após anos e anos de uma longa jornada. Algumas pessoas sentem que tiraram o peso do mundo de cima de seus ombros, enquanto outras sentem uma extrema fadiga por carregar tal peso. Algumas sentem um profundo relaxamento, combinado com a consciência de que tudo está bem.

Na segunda vez que fiz este exercício, foi emocionante. O encontro com minha alma foi maravilhoso. Este foi o começo de um forte sentimento de amor-próprio. Não se preocupe se você não vivenciar algo emocionante como eu, ou se não puder liberar as energias negativas na primeira vez. Confie na sabedoria de sua alma. Isto irá acontecer quando for o momento certo.

Algumas pessoas não conseguem fazer uma pergunta durante seu primeiro encontro com suas almas porque suas emoções são demasiadas. Novamente, não se preocupe, porque a comunicação é aberta e você pode voltar a qualquer momento.

Algumas pessoas duvidam da mensagem que recebem, pensando que é apenas suas imaginações ou suas mentes tentando enganá-las. Saiba que uma pequena porcentagem das pessoas realmente chega a ouvir uma voz. A maioria das pessoas terá um forte pensamento que invadirá suas cabeças. Suas emoções irão confirmar se são suas almas ou seus egos. Quando o ego entrar em cena, você sentirá medo. De repente, você ficará com medo de que sua alma dirá que sua vocação não é estar na profissão à qual você vem se dedicando há muitos anos. Respire. Saiba que, quando sua alma responder, você sentirá paz, como se já soubesse a resposta. Você poderá chorar. E chore. Chore muito como você nunca chorou antes.

Após isto, sua mente pode tentar racionalizar o ocorrido e criar dúvidas, porque não há forma de "provar" a sabedoria da experiência com a sua alma. Lembre-se de que, quando você trabalha com sua alma, utiliza seu coração, e não sua mente. Quanto mais aberta você estiver para o processo, mais forte será sua conexão com sua alma, e todas as suas dúvidas desaparecerão.

Uma observação: apesar de ser possível ter esta conexão com sua alma em qualquer momento do dia, o melhor para este exercício é durante a manhã, imediatamente após acordar. É neste momento que sua alma está mais expansiva. À noite, após você trabalhar e correr de um lado para outro, sua energia estará mais dissipada.

Uma vez que você estabelecer uma prática diária de meditação e que sua roda gigante estiver bem alta e forte, poderá ouvir sua alma a qualquer momento, mesmo sem fazer a meditação completa. Tudo o que você precisa fazer é perguntar, e a resposta virá. Experimente!

E lembre-se: o caminho para a felicidade possui muitas rotas. Quando você honra os desejos de sua alma, não tem como errar.

CAPÍTULO SEIS

PRESTE ATENÇÃO ÀS SUAS EXPERIÊNCIAS

A MÁQUINA DE LAVAR ROUPAS da minha mãe estava parada na área de serviço, esperando para ser vendida ou guardada na casa do meu irmão. Não havia secadora come em Nova York. No Brasil, o clima faz este trabalho melhor e mais barato.

As minhas filhas não sabem o que é lavar roupa à mão. E eu não estou falando sobre uma lingerie ou um suéter delicado, que deve ser lavado à mão. Estou falando dos lençóis, toalhas, toalhas de mesa, calças jeans — todas as coisas grandes que precisavam ser esfregadas na tábua e espremidas à mão com a maior força possível para que não demorassem muito para secar ao Sol.

Aos dez anos de idade, eu tinha que lavar minhas roupas. Graças a Deus, não era como cozinhar arroz e feijão — não precisávamos fazer isto todos os dias. Começou como um castigo por algo que eu fiz e, depois, tornou-se uma tarefa normal, como preparar a mesa para jantar, lavar a louça, varrer o chão ou espanar os móveis.

Se eu pudesse lavar e espremer a carta da minha mãe, eu teria rios de mágoa, culpa e vergonha ainda penduradas no varal para secar, em um espírito encolhido após tantos anos de abuso.

De volta a casa da minha mãe, eu encontrei uma grande panela que estava manchada após tantos anos de cozinhar e quase queimar o feijão. Antes da panela de pressão, era assim que cozinhávamos o feijão — no fogão, monitorado pela intuição e experiência da mulher da casa. Você nunca esquece do cheiro de feijão queimado. Havia um medo constante de queimá-lo, e havia truques para melhorar seu gosto se queimasse. Naquela época, não podíamos jogar fora o feijão porque não haveria mais para cozinhar, nem dinheiro para comprar mais.

Agora eu entendo porque os erros tinham tanta consequência na minha casa — desde derrubar o garfo na mesa de jantar ou quebrar o porta-toalhas do banheiro, até queimar a comida. O castigo era a solução para qualquer desvio. Os dias de fazer feira, os sábados pela manhã, eram os dias de "reconciliação". Qualquer filho que não se comportasse durante a semana tinha uma reunião aos sábados pela manhã com o meu pai.

Durante a semana, meu pai chegava tarde e cansado em casa e não queria ser incomodado pela falta de comportamento dos filhos. Muitas vezes, quando não íamos para a cama antes que ele chegasse, ele nos avisava sobre o "sábado de manhã". Todos nós íamos cedo para a cama se tivéssemos feito algo para ganhar uma reunião no sábado. Éramos inocentes e esperávamos que nosso pai não descobrisse ou talvez esquecesse um erro da segunda ou terça-feira quando chegasse o sábado, mas ele geralmente lembrava. Tentar ser melhor na quarta, quinta ou sexta-feira não melhorava em nada a situação. No fim, nos comportávamos superbem nos últimos dias e sofríamos em silêncio durante toda a semana, em antecipação.

Algumas semanas, eram seis a doze bolos -tapas na mão- com uma escova pesada de madeira, feita para escovar os ternos do meu pai. Em outras semanas, o castigo era se ajoelhar no chão de madeira, estendendo os braços abertos para os lados no corredor, pelo que pareciam horas, e ser humilhada quando a porta do apartamento era aberta e nossos amigos nos viam ali. Ter que contar aos amigos o que fizemos só piorava o castigo. Outras vezes, apanhávamos de cinto, principalmente quando fazíamos algo errado nos fins de semana ou feriados.

Minha mãe não interferia, a não ser que meu pai estivesse sendo muito severo, e com muita precaução. Senão, ela também teria a sua propria reunião com meu pai. Muitas vezes, eu fiquei ressentida com minha mãe por não nos proteger do abuso físico, apesar de que ela nos consolava depois. Havia alguns dias sem castigo em nossa casa: Natal, Sexta-feira Santa, Páscoa e nossos aniversários, apesar de que uma vez eu apanhei no meu aniversário por mentir. Eu mentia muito, mas eu não menti naquele dia. Meu pai estava sonolento quando eu pedi a ele para emprestar a bola de vôlei para o vizinho e ele esqueceu, pensando que eu tinha mentido e emprestado a bola sem permissão. Nesse dia, ele me deu um tapa no lado da cabeça que eu tive dor de ouvido por muitos dias.

Quando nos tornamos adultos, meus irmãos e eu confrontamos nosso pai sobre estas manhãs de sábado e ele negou ter castigado seus filhos. "Castigos foram os que eu aguentei quando era criança", ele disse. "Vocês não sabem o que é castigo."

Durante anos, minha mãe tolerou os segredos, gritos, ataques verbais, tratamentos severos e múltiplos casos amorosos do meu pai. Ela via tudo isto como se fosse Deus castigando-a por fugir de casa com vinte e nove anos. Já faziam cinquenta anos que ela saiu de casa, mas o castigo continuava.

Em retrospecto, penso que, sem estas dificuldades, minha mãe nunca teria encontrado coragem para confrontar seu marido e voltar a trabalhar, recomeçar sua carreira aos cinquenta anos, assegurar seus benefícios sociais, ter crédito, abrir uma conta bancária e se tornar uma mulher um pouco independente (até o dia do seu acidente); Ela ainda era influenciada pelos filhos homens.

Foi por meio desta reflexão sobre minha infância e a vida da minha mãe que eu entendi a sexta lição:

As dificuldades da vida não são castigos de Deus, e, sim, as tentativas da nossa alma de nos direcionar ao nosso caminho.

Deus não puniu minha mãe. Ela mesma fez isso *sem perceber*.

Sua alma deu pequenos sinais e toques, e quando ela não reconheceu estes sinais, sua alma a empurrou forte para voltar a trabalhar e assegurar sua independência financeira, que por anos ela havia desejado. Os dias sem comida ou com contas sem serem pagas eram pequenos sinais de sua alma para tomar o controle do seu próprio destino.

Qualquer coisa que nos faça diminuir o ritmo ou parar é um alerta da alma. É como ter um guarda-costas invisível sempre nos vigiando — mas só se escolhermos prestar bastante atenção.

O que está acontecendo em sua vida que pode ser sua alma chamando sua atenção?

Os chamados da alma não precisam vir com grandes empurrões para deixar você de joelhos em uma crise — como um despejo, perda de emprego, acidente de carro, uma doença séria ou um divórcio inesperado. Muitas vezes, o chamado vem como uma pequena mensagem — uma sugestão de um amigo que faz você acordar, um artigo em um jornal, uma passagem em um livro que você não consegue parar de ler, aquela dor de cabeça que não vai embora, um sonho repetido, uma entrevista no rádio que a deixa chateada, uma insônia de vez em quando. Todas são mensagens da alma, e se temos uma conexão fraca com nossas almas, ignoramos ou não entendemos essas mensagens.

Raiva, ressentimento, ira, depressão, vícios, excesso de trabalho e falta de tempo são escolhas (conscientes ou inconscientes) comuns, que impedem ou reduzem a conexão que precisamos manter com nossas almas ou espíritos. Não precisamos viver na igreja, templo ou mesquita para ter uma conexão com nossas almas (a não ser que queiramos). Tudo o que precisamos é reservar um tempo para nos conectar com nossa calma, escutar a voz dentro de nós e seguir nossos impulsos. Quanto mais tempo prestarmos atenção ao chamado das nossas almas, mais fortes os avisos se tornam. Minha mãe chamava estes avisos de "dificuldades".

Então, pare hoje. Respire bem fundo. Veja sua vida. Veja todas as coisas ótimas acontecendo. Valorize-as. Veja as dificuldades. O que sua vida está tentando dizer? Muitas vezes, escutamos os avisos de nossas almas e não temos a coragem de refletir e fazer o que devemos fazer. Se este for o caso, fortaleça sua conexão com sua alma, e a *coragem* estará presente.

Deus é uma mãe — abundante em sabedoria. Deus espera, ajuda, motiva (por meio de outros) e inspira, mas não interfere. Imagine uma mãe ensinando seu filho a andar. Ela segura as duas mãos do filho e anda de um lado para outro, praticando até que seu filho esteja quase pronto para andar dois ou três passos sozinho. Então, solta suas mãos. O filho cai após alguns passos e a mãe começa a praticar novamente. Às vezes, a mãe compra um andador para ajudar o filho a se sentir mais seguro e, eventualmente, a criança começa a andar sozinha. Outras vezes, o filho está com medo de cair e demora um pouco mais para andar, mas a mãe nunca pensa que seu filho jamais vai andar. Deus opera de forma parecida. Ele conhece nosso potencial e nos deixa cair para que aprendamos como levantar e andar novamente. Mas é nossa escolha. Todos temos um imenso potencial para criar o que queremos, mas, primeiro, precisamos saber o que queremos em um nível consciente.

Deus não fez minha mãe voltar a trabalhar mais cedo ou ficar com meu pai. Foi sua escolha quando ela estava pronta. Deus não nos força a fazer nada que não queiramos fazer. Tudo o que Deus quer é que sejamos felizes.

Os sentimentos desconfortáveis que as dificuldades trazem nos ajudam a descobrir o que queremos, e eles podem, se permitirmos, nos impulsionar a realizar ações positivas. Se continuarmos a reclamar e culpar outras pessoas pelas situações da nossa vida, as dificuldades ficarão por mais tempo do que é necessário.

Preste Atenção à Energia

Durante o dia, nossa energia muda de intensidade. Quando dormimos, nossa energia está alta. Quando acordamos, nossa energia ainda está forte e tranquila (se tivermos uma boa noite de sono). Então, quando acordamos, a mudança começa. Com as notícias negativas, nossa energia se constringe. Com o sorriso de um bebê, a chegada de boas notícias ou o florescer de um jardim, nossa energia se expande. Estas coisas que vivenciamos não são "boas" ou "ruins", a não ser que as chamemos assim. Nossa opinião sobre nossas experiências é o que muda nossa energia.

Por exemplo, se eu estou presa no trânsito, como no Rio de Janeiro ou em Manhattan , e fico irritada porque vou me atrasar para o trabalho, minha energia se constringe. Mas se eu estou no mesmo trânsito e escuto uma entrevista no rádio que me dá uma ideia para melhorar algo no trabalho, minha energia se expande. O trânsito é o mesmo, o que muda é como você o encara.

Temos a escolha de expandir nossa energia o dia todo, baseados em como enxergamos os eventos diários. Isto não é fácil, claro, mas é possível. É uma questão de foco e prática.

A maioria das nossas reações a eventos, pessoas e coisas são automáticas e não requerem muita reflexão. Naturalmente, no momento em que temos pensamentos conscientes sobre algo, já temos uma reação emocional automática. Isto não é algo negativo, na maioria das vezes. Afinal de contas, se tivéssemos que parar para pensar sobre como reagir a tudo, a vida seria muito lenta.

Estudos mostraram que temos trinta e cinco mil pensamentos por dia, mas 95% deles são os mesmos que tivemos no dia anterior, na semana passada, mês passado e ano passado. Se temos os mesmos pensamentos o tempo todo, não é tão difícil mudá-los. Podemos começar com um pensamento de cada vez. Eu posso trabalhar em qualquer pensamento que faça minha energia se retrair, mudando-o para um pensamento que faça minha energia se expandir. Então, eu pratico isto até que ele se torne uma reação positiva automática aos eventos. A chave é prestar atenção e reprogramar nossas reações automáticas para coisas, pessoas e eventos.

Reprograme Pensamentos que Não te Fazem Bem

O primeiro passo é identificar a emoção que você está sentindo — traga-a ao nível da consciência. Então, busque o pensamento que causou a emoção. Uma vez que você encontrar o pensamento, mude-o para um pensamento melhor, que dará uma emoção mais pacífica, e continue a praticar com o novo pensamento até se tornar um hábito.

A próxima vez que o mesmo incidente levar a uma reação negativa, você poderá identificar a reação mais facilmente e mudá-la.

Pegue uma caneta e um caderno e escreva as respostas para as seguintes perguntas (você pode querer relê-las mais tarde para praticar, praticar e praticar):

1. Que reação ou emoção você tem frequentemente, que não faz bem a quem você é, quem você quer ser ou aonde você quer ir? É raiva, frustração, insegurança ou negatividade?

2. Quando foi a última vez que isto aconteceu?

3. Quais foram os pensamentos que você teve sobre o evento, pessoa ou coisa que causou a reação emocional? Tenha consciência de que tristeza e raiva vêm tão rápido que pode ser difícil saber a causa. Atenha-se ao sentimento e continue pensando sobre suas opiniões sobre aquela pessoa, coisa ou evento.

4. Estes pensamentos são absolutamente verdadeiros, sem sombra de dúvida?

5. Que outros pensamentos positivos que você poderia ter sobre o evento, pessoa ou coisa?

6. Como você se sentiria se mudasse os pensamentos sobre o evento, pessoa ou coisa?

7. Que reação emocional você teria ao novo pensamento?

Aqui está como eu utilizei este exercício em minha vida.

Quando chegava em casa após um longo dia de trabalho, frequentemente ficava furiosa ao encontrar uma montanha de louças para lavar na pia da cozinha e copos pela casa, que eu tinha deixado limpas e organizadas pela manhã. E a minha casa tem maquina de lavar louças. Eu gritava com minhas filhas e as fazia lavar as louças imediatamente, que era botar na maquina. Muitas vezes, eu me chateava tanto que deixava isto estragar o resto da minha noite. Minhas filhas também ficavam chateadas e pensavam que eu estava exagerando. Na minha mente, era um pedido óbvio: limpe após sujar!

Aqui está como eu respondi às sete perguntas em relação a esta situação:

1. Que reação ou emoção você tem frequentemente que não faz bem a quem você é, quem você quer ser ou onde você quer ir? É raiva, frustração, insegurança ou negatividade?

   Resposta: *Eu sinto raiva devido às louças sujas na pia quando chego em casa.*

2. Quando foi a última vez que isto aconteceu? Traga as emoções à mente.

Resposta: Aconteceu há dois dias.

3. Quais foram os pensamentos que você teve sobre o evento, pessoa ou coisa que causou a reação emocional?

Resposta: Minhas filhas não me valorizam. Eu sou uma grande provedora para elas, e elas não valorizam meus esforços. Minha vida faz as vidas delas acontecerem bem mais fácil. Elas estão se aproveitando de mim (naquele momento, chorei, porque não tinha verbalizado este pensamento até aquele momento). Lavar as louças é um pedido razoável.

4. Estes pensamentos são absolutamente verdadeiros, sem sombra de dúvida?

Resposta: Demorei um pouco, mas a resposta foi não. Não era uma verdade sem sombra de dúvida. Eu não tenho 100% de certeza de que minhas filhas não me valorizam.

5. Quais são outros pensamentos positivos que você poderia ter sobre o evento, pessoa ou coisa?

Resposta: Minhas filhas esqueceram de lavar as louças. As pessoas esquecem. Elas planejaram fazer isto mais tarde e esqueceram. A cozinha não é tão importante para elas. Elas não estão bagunçando para me magoar ou chatear. Elas só esqueceram.

6. Como você se sentiria se mudasse os pensamentos sobre o evento, pessoa ou coisa?

Resposta: Eu me sentiria mais calma e mais relaxada. Eu poderia aproveitar minha noite mesmo se encontrasse louças sujas na pia.

7. Que reação emocional você teria ao novo pensamento?

Resposta: Eu calmamente pediria para elas lavarem as louças. E se eu não pudesse esperar até que estivessem prontas, eu mesma as lavaria. Lavar as louças não vai me matar.

Preste Atenção às suas Experiências

Agora que você identificou os pensamentos causando as emoções negativas que influenciam suas experiências de vida, está na hora de ouvir a voz da sua experiência.

Encontre um lugar calmo, como um banco em um parque, uma praia ou jardim deserto, para sentar-se por um tempo. De preferência, você deve estar perto da Natureza. Pegue um caderno novo e uma caneta ou lápis novo. Isto dirá ao Universo que você está pronta para um novo começo. Você pode preparar uma xícara de chá, pegar um cobertor ou echarpe, ou qualquer coisa que lhe traga conforto. Sim, você pode tomar café.

Conecte-se com o espaço por alguns minutos. Note a beleza do lugar, o céu, a grama, os pássaros e as árvores. Liste as coisas lindas que você vê.

Então, escreva suas respostas para as seguintes perguntas. Lembre-se, não existe respostas erradas. Quanto mais você escrever, mais irá se conectar com seus pensamentos inconscientes. Certifique-se de deixar espaço suficiente entre as perguntas para que possa voltar para relê-las e adicionar outras observações que descobriu durante o processo. Você terá um exemplo de como fazer este exercício ao final das perguntas.

1. Pense e liste todas as dificuldades que se repetem em sua vida. Você, provavelmente, já tem uma dificuldade acontecendo. Talvez este seja o motivo pelo qual comprou este livro.

2. Quando a dificuldade começou? Quantos anos você tinha? Onde você vivia? Com quem você vivia? Leve o tempo que for necessário para escrever suas respostas e não dispense nada que vier à sua mente.

3. Se você estiver criando estas dificuldades, quais as possíveis razões para criá-las? Liste todas as possibilidades, mesmo se parecerem irreais. Não racionalize.

4. Agora, liste qualquer julgamento que você tem sobre cada um destes motivos (real ou irreal) listados na sua resposta à pergunta 3.

5. Leia os motivos e julgamentos e selecione um motivo que possa parecer verdade.

6. Que sentimento ou pensamento negativo você tem que está causando esta dificuldade?

7. Ele é absolutamente verdadeiro?

8. Em uma nova página em seu caderno, inverta o sentimento para uma frase positiva e escreva esta frase positiva nove vezes.

9. Leia a frase todas as manhãs, tardes e noites antes de dormir, para que seu subconsciente a assimile em sua vida.

10. Aqui está um exemplo de como este exercício funciona:

11. Pense e liste todas as dificuldades que se repetem em sua vida.

    Resposta: *Eu não consigo manter um emprego por mais de três ou cinco meses. Eu me demito ou sou demitida.*

12. Quando a dificuldade começou? Quantos anos você tinha? Com quem você morava?

    Resposta: *Começou quando eu fui trabalhar para a empresa X. Eu tinha vinte e cinco anos e morava com meu namorado.*

13. Se você estiver criando estas dificuldades, quais são as possíveis razões para você criá-las? Liste todas as possibilidades, mesmo se parecerem irreais. Não racionalize.

    Resposta: *Eu não quero trabalhar. Eu não gosto de trabalhar. Eu quero ganhar na loteria e ser rica. Eu quero trabalhar para mim mesma. Não existem bons trabalhos para mim porque não tenho um diploma. Eu posso contar com meus pais para pagar minhas conta. Eu quero um homem que me sustente. Eu não quero estar fora de casa o dia todo.*

14. Agora, liste qualquer julgamento que você tem sobre cada um destes motivos (real ou irreal) listados na sua resposta à pergunta 3.

Resposta:

Eu não quero trabalhar — pessoas que não trabalham são preguiçosas.

Eu não gosto de trabalhar — há algo de errado com as pessoas que não gostam de trabalhar. Elas não têm ambição.

Eu quero ganhar na loteria e ser rica — tenho mais chances de ser atingida por um raio do que de ganhar na loteria.

Eu quero trabalhar para mim mesma — não posso ganhar um bom salário trabalhando como autônoma.

Não existem bons trabalhos para mim porque não tenho um diploma — sou burra porque não estudei.

Eu posso contar com meus pais para pagar minhas contas — só possoas inuteis dependem dos seus pais aos trinta anos de idade.

Eu quero um homem que me sustente — maridos devem sustentar suas esposas.

Eu não quero estar fora de casa o dia todo — não consigo encontrar um emprego de meio período que pague minhas contas.

15. Leia os motivos e julgamentos e selecione um que possa parecer verdade. **Resposta:** Não existem bons trabalhos para mim porque eu não tenho um diploma.

16. Que sentimento ou pensamento negativo você tem que está causando esta dificuldade?

    Resposta: *Eu sinto vergonha e me sinto inferior porque não tenho um diploma ou carreira aos trinta anos de idade.*

17. Isto é absolutamente verdade?

    Resposta: Não, muitas pessoas sem diplomas possuem ótimos empregos e carreiras.

18. Em uma nova página do seu caderno, inverta o sentimento em uma frase positiva e escreva esta frase nove vezes.

    Resposta: *Frase: Eu estou segura de que posso encontrar o trabalho ideal para mim com a ajuda da minha alma.*

19. Leia a frase todas as manhãs, tardes e noites antes de dormir para que seu subconsciente a assimile em sua vida, mesmo que você ainda não acredite nela. Atenha-se a ela e, com o tempo, seu subconsciente irá aceitá-la como verdade.

Imagine como você se sentiria ao ter o emprego certo que corresponde aos seus talentos. Veja em sua mente como você estaria se tivesse o emprego perfeito para você. Sua postura seria diferente? Como você se sentiria? Que palavras você utilizaria para contar às pessoas o que você faz? Sinta as emoções positivas e libere qualquer pensamento negativo que possa tentar se instalar.

Saiba que sua alma irá guiá-la para o caminho certo no momento correto. Quando você sentir ansiedade ou frustração, foque em como se sentirá ao trabalhar em um ótimo lugar utilizando seus talentos.

Nota. Quando você escrever sua nova frase ou afirmação, seu subconsciente lhe dirá que não é verdade. Ignore esta voz, porque não é sua alma falando. Com mais prática, sua mente irá "mudar de opinião" e você irá atrair oportunidades como evidencia do seus talentos profissionais.

Lembre-se. A voz da alma não julga, critica, reclama ou coloca você para baixo. A voz da sua alma ajuda, motiva, guia e entende. A voz da alma é serena, calma e preenche você com um sentimento de paz e amor.

"Confie em sua alma."

CAPÍTULO SETE

A PRÁTICA DA AUTOCOMPAIXÃO

Outro dia de trabalho se passou com mais caixas, pilhas de doações e lixo. No fim do dia, levei mais pertences da minha mãe e sua carta para o apartamento da minha irmã. Deixei que minha irmã a lesse. Então, eu a reli várias vezes, cada vez entendendo mais aspectos dela. Estava claro que minha mãe agiu correta ao entender e perdoar as ofensas e acusações de sua irmã. Ela sabia que minha tia não sabia de todos os detalhes e eventos que haviam acontecido.

Tenho certeza de que minha mãe não queria que ninguém mais lesse a carta, a não ser sua irmã. Na minha família, era uma regra implícita não perguntar nada, principalmente sobre o passado. As poucas histórias que eu ouvi dos meus pais foram exemplos de como éramos privilegiados em comparação com suas vidas quando crianças.

Eu conheci a história de vida da minha mãe durante um momento de desabafo, alguns dias antes do meu casamento, quando perguntei a ela por que havia se casado com meu pai. Passei a vida inteira me perguntando isto. Minha mãe era uma linda mulher — magra, serena e discreta. Meu pai era gordo, pouco atraente e agressivo, apesar de se vestir bem e, provavelmente, ser um bom amante.

Meu noivo pagou as passagens de avião para os meus pais virem ao nosso casamento em 1992, porque meus pais não tinham dinheiro. Fomos comprar o vestido da minha mãe na loja da Macy's para ela usar no dia da cerimônia e, durante o almoço, ela me contou que conheceu meu pai fora do trabalho, um dia. Ela não gostou dele no início, mas ele foi persistente. Esperava por ela todos os dias e eles andavam de ônibus juntos, apesar de ele morar do outro lado da cidade. Caminhava com minha mãe até a esquina da rua onde morava — mas não até a porta, porque ela não queria que seus pais descobrissem. Disse que meu pai era bom de conversa.

Um dia, ela chegou em casa após meu pai deixá-la na esquina da rua e seu pai estava esperando por ela na porta de casa. Meu avô disse que a atual esposa do meu pai tinha ido até sua casa e contado que meu pai era casado e tinha quatro filhos. "Você está proibida de vê-lo novamente!", meu avô lhe-disse.

Minha mãe não sabia que meu pai era casado. Então, ela se sentiu destruída emocionalmente. No próximo dia, meu pai estava esperando por ela novamente na porta de seu trabalho, e ela andou mais rápido, tentando evitá-lo. Mas come sempre, ele insistiu. Ela contou que a esposa e dois de seus filhos tinham visitado seus pais. Ele afirmou que não era casado, e que aquela mulher não era sua esposa. Disse também que a tal mulher era a empregada de sua mãe. Ela tinha se oferecido para ele, e que a engravidou. Agora, ela queria casar com ele. Com esta história, meu pai convenceu minha mãe de que não era casado, e os dois foram falar com os pais dela.

Meu avô não acreditou na história do meu pai e proibiu minha mãe de vê-lo novamente. Um tempo depois, ela fugiu de casa para ficar com meu pai e foram para Belo Horizonte.

Minha mãe insistiu em me contar que não teve relações sexuais com meu pai até eles morarem juntos, já que estavam "de certa forma" casados, visto que ele colocou um telhado sobre sua cabeça. Eles conversavam sobre se casarem, mas só depois que engravidou do meu irmão mais velho ela descobriu a verdade. Meu pai mentiu — ele era casado. Então, meus pais nunca se casaram, porque meu pai nunca se divorciou. Depois, descobri a história toda. Era verdade que a mulher que visitou meus avós morava com a minha avó paterna. Também era verdade que ele a havia engravidado, e então foi forçado por sua mãe a casar com ela. Ele tinha vinte e poucos anos na época e não levava o casamento a sério, já que estava namorando minha mãe.

No funeral do meu pai, em 1997, conheci três dos meus meios-irmãos pela primeira vez. Enquanto andava pelo cemitério, vi um homem mais jovem, que era igual ao meu pai. Aparentemente, ele olhou para mim e pensou o mesmo sobre minha aparência. A primeira esposa do meu pai estava ali, chorando sobre o caixão como se ela fosse a "esposa", enquanto minha mãe ficou em silêncio e distante, iguinorando os trinta e quatros anos que viveu com meu pai.

Alguns dias após o funeral, meus irmãos e eu estávamos organizando seus papéis e encontramos a certidão de nascimento da minha meia-irmã mais nova. Ela era vinte dias mais velha que meu irmão mais velho.

Minha mãe também contou que, alguns anos após fugir com meu pai, descobriu que meu avô ficou muito doente após sua partida — minha mãe era sua filha favorita.

Minha avó era muito rígida com as filhas. Ela trancava as portas às 22 horas e meu avô destrancava uma das janelas para minha mãe poder entrar em casa. Ela cozinhava sua refeição favorita e passava suas roupas da forma que ele gostava. Minha mãe também avisava ao meu avô quando minha avó estava virada "para o lado errado do fogão" em certos dias antes de ele entrar em casa e prepará-lo para o mau humor da minha avó.

O maior arrependimento da minha mãe foi não poder ir ao funeral de seu pai. Ela não tinha dinheiro para a passagem de ônibus do Rio de Janeiro á Salvador e não havia ninguém para cuidar de seus seis filhos. No dia que ela soube da morte dele, um pássaro negro chegou pela manhã em forma de um telegrama. Imagina um torpedo chegando pelo o correio e trazendo luto. Ao meio-dia, quando arrumávamos a mesa para o almoço, minha mãe puxou a toalha de mesa branca e quebrou um vaso cheio de flores. Correu para seu quarto e fechou a porta. Não sabíamos, na época, mas esta era a imagem da culpa e vergonha. Aquele luto viveu muitos anos nos ombros da minha mãe.

Como eu disse, em 1984, vinte e um anos após o ato rebelde de sair de casa aos vinte e nove anos, contra a vontade de seus pais, minha mãe ainda via os problemas de sua vida como um castigo de Deus que achava merecer. Uma das melhores coisas sobre minha mãe é que ela perdoa a todos, inclusive meu pai, por tudo o que ele fez e não fez. Raramente fala mal das pessoas e, quando reclamamos, diz: "deixa pra lá". Ela sempre teve uma grande compaixão por outras pessoas, mas, e com si mesma?

Refletindo sobre estas experiências maternas, entendi a sétima lição:

A melhor expressão de compaixão é a autocompaixão. É quando abrimos nosso coração e sentimos o amor proprio primeiro antes de compartilhar com os outros.

O que é Compaixão?

Compaixão é o ato de sentir empatia quando os outros estão sofrendo e, em certo nível, compartilhar de sua dor. A compaixão não é o mesmo que pena ou que dar tapinhas nas costas de alguém. Compaixão é o amor que é expressado.

Por que tantas mulheres são capazes de sentir compaixão pelos outros e não por si mesmas? Eu tenho certeza que se minha mãe fosse para uma livraria e escolhesse um livro que contasse sua própria história de vida, sentiria uma grande compaixão pela protagonista. Trabalhamos, cuidamos de nossos filhos, parceiros, amigos e parentes. Cozinhamos, limpamos, lavamos as roupas, levamos as crianças para atividades sociais e esportivas, cuidamos dos problemas médicos de todo mundo, inclusive dos pais idosos, apoiamos a escola, a igreja e a comunidade. Mas, no fim do dia, não nos damos o tempo e o respeito para recuperar a energia que doamos. Damos um tempo para todo mundo, mas não para nós mesmas. Isso é uma falta de autocompaixão.

Como é a sua autocompaixão?

A questão das mulheres se doando para os outros e não para si mesmas tem suas raízes nos primórdios da História. Parece que continuamos a nos punir pelos "pecados de Eva". A história de Eva, sendo fato ou ficção, abriu a porta para as mulheres questionarem o seu *status quo*. Eva não foi uma pecadora por comer a maçã proibida, e, sim, uma heroína! Ela ousou comer a maçã e, com isso, trouxe à luz a forma como as pessoas (homens e mulheres) pensam sobre as mulheres e suas expectativas sobre elas.

Inconscientemente, continuamos a contribuir para a consciência coletiva de nossas ancestrais, de que mulheres são "inferiores", "o sexo frágil" ou "as últimas na fila" quando, na verdade, somos responsáveis por trazer as próximas gerações à grandeza. Como podemos fazer grandes coisas pelos outros quando não as fazemos para nós mesmas?

Precisamos dedicar um tempo para nos cuidarmos *primeiro*. E isto não é egoísmo, é autoamor. Silenciosamente, culpamos nossos pais, parceiros e filhos por nossa falta de tempo para nos cuidarmos, mas a responsabilidade é nossa. Felizmente, vejo melhorias na forma como a mulher é vista atualmente. No entanto, ainda há muitas de nós obstruindo o progresso de outras mulheres, porque ensinamos nossas filhas a não terem autocompaixão. Mesmo que digamos o contrário, elas aprendem com nosso mau exemplo.

Quando não nos importamos em como nos sentimos, com o quanto fazemos ou com o quanto temos, ensinamos nossas filhas (por osmose) a não se amarem, e aos nossos filhos que isto está bem. Podemos dizer para tomarem conta de si mesmos, mas eles aprendem com o que fazemos, não com o que dizemos. É por isto que demora muitas gerações para a mudança acontecer. Os hábitos estão enraizados em nós, mulheres, a não ser que façamos um esforço conjunto e consciente para mudá-los.

Autoamor é o primeiro amor que sentimos. Só depois aprendemos a amar nossos pais, irmãos e irmãs, amigos, filhos e parceiros. À medida que envelhecemos, esquecemos nossa habilidade inata de nos amar, porque assimilamos o comportamento dos adultos ao nosso redor, assistindo como nossas mães são tratadas ou pela forma como somos tratadas pelos outros.

Damos muito mais tempo aos outros do que a nós mesmas, mas isto pode mudar. Isto precisa mudar.

Como Despertar sua Autocompaixão

Aqui está um exercício para melhorar sua autocompaixão. Quando você acordar pela manhã, antes de tomar um banho, olhe para seu corpo nu no espelho por cinco a dez minutos e preste atenção aos seus pensamentos. Eu sei que você não quer fazer isto, mas confie em mim. Qualquer reação negativa é um sinal de que eu posso estar certa, e seria benéfico para você ver o que vem à sua mente. Geralmente, os pensamentos negativos vêm rápido, principalmente se você está acostumada a se criticar regularmente. Isto lhe dará uma ideia de como você se maltrata sem saber.

Se você ama cada parte do seu corpo, se você é grata por cada centímetro dele e celebra sua existência, parabéns! Você faz parte de uma pequena porcentagem da população.

Se você é como a maioria das pessoas e nota a gordura em suas pernas, e não a força que elas têm para levar a sua família a frente; ou as cicatrizes na sua barriga, e não sua gratidão por carregar uma criança no seu ventre; ou pensamentos parecidos, anote. Não utilize seus pensamentos como outra desculpa para se colocar para baixo. Apenas note seus pensamentos sem fazer julgamentos. Após tomar banho, escreva três a cinco pensamentos críticos que você teve sobre seu corpo.

Se você teve cerca de cinco destes pensamentos em cinco a dez minutos e tem cerca de trinta e cinco mil pensamentos diariamente, estes pensamentos negativos representam cerca de setenta e dois mil pensamentos de "falta de autocompaixão" a cada dia. Adicionando o fato de que 95% deles repetiram-se em relação ao dia anterior, no final de uma semana, somam a cerca de quarenta e sete mil vezes em que nos colocamos para baixo todas as semanas, inconscientemente.

Apenas força de vontade não é suficiente para sair da falta de autocompaixão para o autoamor pleno, porque estamos começando em desvantagem. Você precisa transformar e transmutar os pensamentos negativos.

Descobrindo Mais Autocompaixão

Já existe autocompaixão e autoamor em todas nós. Podemos descobri-los se curarmos a dor escondida dos nossos passados. A maioria deles sentimos na infância, desde o nascimento até os sete anos de idade. Os incidentes durante estes anos definem quem somos e podem nos afetar quando adultos. Desde a infância, escutamos mensagens negativas de nossos pais, professores e parentes. Fomos repreendidas, punidas, criticadas ou desencorajadas. Quando as crianças começam a falar, já assimilaram os pensamentos e comportamentos negativos das pessoas ao seu redor — e são muitos. Elas aprendem quais comportamentos serão recompensados ou punidos. Por favor, não culpem os seus pais e outros adultos. Eles não sabem como fazer diferente.

As primeiras palavras da minha filha, Erica, foram "mãe", "pa" e "não", aos seis meses de idade. No seu primeiro aniversário, ela erguia seu dedo indicador para dizer às outras crianças: "não, não, não". Adivinhe de quem ela aprendeu isso? Exatamente, eu fui a professora.

Existem dois tipos de pensamentos: de amor e de medo. Os que evocam a palavra "não" são de medo, mesmo quando têm intenções amorosas. Os pensamentos de amor são os que evocam a palavra "sim". Quando minha filha andava perto da escada, minha primeira reação era dizer "não", em vez de chamar sua atenção com um brinquedo longe da escada. Meu medo de que ela caísse foi transmitido de três maneiras (corpo, mente e espírito) — a minha intenção amorosa para a sua segurança criou a minha reação negativa, a minha filha assimilou desde cedo como reacionar com o medo.

Os medos dos meus avós, que os levaram a proibir o romance dos meus pais em 1962, começou muitos anos antes daquele dia, em Salvador, Bahia. Talvez, veio do abandono do meu avô pelo seu pai quando ainda era muito novo, o que o fez pensar que tinha que proteger suas filhas. É muito normal você querer proteger seu filho de cair da escada ou de ter um coração partido, mas, todos nós, até mesmo bebês, temos o direito de criar nossas próprias experiências.

No Brasil, antes do uso de água sanitária, as roupas brancas amarelavam lentamente com o tempo, e as manchas não eram removidas facilmente come hoje. Para limpar as roupas ou remover manchas, minha mãe as lavava com detergente e as deixava de molho no Sol por algumas horas, antes de enxaguá-las. É o que chamamos de quarar. Há pouco tempo, eu experimentei fazer isto em alguns dos colchas bordados à mão em 1930 pela minha avó, que recebi de herança, e tinham manchas amareladas devido ao tempo. E ainda funciona!

Faremos um processo parecido para remover os pensamentos de medo e deixar o amor verdadeiro e compaixão emergirem em nossas vidas. Perceba que eu disse "emergir" em vez de "construir" ou "crescer". Isto é porque existe uma quantidade de amor e compaixão infinitas dentro de nós — tudo que precisamos fazer é deletar o acúmulo de medo que não nos faz bem.

O processo é simples. Primeiro, encontre a emoção que está criando o medo. Sinta-a em seu corpo. Veja se você lembra da idade quando o medo começou a se desenvolver. Que evento aconteceu naquela idade que pode ter iniciado este pensamento? Você ainda não precisa saber que pensamento é esse, apenas o evento. Ao encontrar o evento, veja as conclusões que teve sobre ele, na época. Elimine o pensamento ao trazê-lo à luz da consciência e deixe-o de molho ali por um tempo. Então, enxágue-o ao reconhecer que não precisa mais deste pensamento. E libere-o.

Um exemplo: digamos que, quando você tinha cinco anos de idade, assistiu a uma briga terrível dos seus pais. Eles gritaram um com o outro e você os escutou. Você teve medo. Quando você analisa mais a fundo, percebe que concluiu, naquela idade, que a briga era sua culpa, e que se você fosse uma boa menina eles não brigariam mais. Então, decidiu ser sempre boa, e que assim as coisas não seriam mais tão assustadoras. Talvez você ainda esteja evitando confrontos e não se defende, baseada naquele acontecimento.

Livrando-se do Medo

Sempre que você tiver uma emoção negativa, pergunte-se:

1. Em que parte do meu corpo eu a sinto?

2. Veja o gráfico na pagina 117 , encontre a área do seu corpo e determine em que idade você aprendeu este medo.

3. Leia as informações do centro de energia (também chamado de *chakra*) correspondente à idade em que o problema se desenvolveu.

4. Lembre-se de qualquer evento que aconteceu nesta idade. Confie em sua intuição. Se tiver dificuldade em lembrar, peça ajuda aos seus pais ou parentes, se possível. Note o desconforto em seu corpo; isto irá ajudá-la a lembrar da emoção. Se for um grande problema, seu ego protetor tentará impedi-la de lembrar; então, você pode ter que tentar algumas vezes. A maioria dos problemas emocionais decorrem de eventos traumáticos, como mortes, nascimentos, divórcio, perdas, doenças, e assim em diante.

5. Quando lembrar do evento, traga-o à sua consciência ao se perguntar: "que conclusões eu tive sobre este evento? O que eu decidi que era verdade como resultado deste evento — sobre mim, sobre outros ou sobre o mundo?" Não descarte estas conclusões, julgando-as como infantis. As conclusões podem não ter um sentido lógico para você como adulta, mas o que acontece é que estas conclusões ficam escondidas nos nossos subconscientes e ainda dominam nossos comportamentos. No entanto, como os hábitos são criados muito cedo, não temos consciência das crenças ilógicas que os estão conduzindo.

6. Imagine que você removeu a emoção e o pensamento do seu corpo e os colocou em um balão. Amarre o balão e imagine-o voando para o céu e para fora de sua vista.

7. Diga em voz alta: "Com isto, eu libero esta energia que não me faz bem, para que ela possa ser transmutada e transformada. Eu sou grata por esta lição".

Este é um processo simples, mas só pode funcionar se estiver disposta a sentir o desconforto temporário em seu corpo e enfrentar seu medo. Quando você estiver pronta, sua alma ou seu espírito irá guiá-la para transmutar e transformar os medos, porque amor é o seu estado natural.

Eu fiz este exercício com uma cliente que tinha uma forte ansiedade e raiva sempre que precisava fazer algo novo ou se deparava com algo indesejado. Suas reações não eram compatíveis com seu comportamento normal no trabalho. Ela era altamente competente e tinha muito sucesso. Mas quando sua ansiedade estava ativada, ela não dormia por dias, devido ao novo evento ou porque estava chateada. Ela também não comia. Eu perguntava por que ela estava morrendo de fome, e ela dizia que não sabia. Disse que sentia uma dor em cima de sua barriga, embaixo do peito. Eu falei que a localização da dor representava um tempo quando ela tinha três anos de idade (veja a explicação dos *Chakras* do Corpo a seguir). Eu perguntei sobre o que aconteceu quando ela tinha três anos de idade. "Nada" — afirmou. "Meus pais eram ótimos". Finalmente, eu continuei a questioná-la, e ela disse: "a única coisa que aconteceu quando eu tinha três anos foi que minha irmã nasceu. Não lembro, mas meus pais me contaram que tive ciúmes da atenção que ela recebia deles. Ela é muito irritante e não nos damos bem. Ela estava sempre competindo pela atenção dos meus pais".

"Talvez por isto você sente que sempre precisa se sair melhor para conseguir reconhecimento dos outros, colocando mais pressão em si mesma do que precisa", sugeri. Ela sorriu timidamente e começou a contar sobre sua infância com sua irmã e seus pais. Sua ansiedade no trabalho não tinha nada a ver com as novas tarefas, mas com seu medo de não ter o "reconhecimento" que precisava obter dos outros que aprendeu quando criança.

Uma vez que ela trouxe o problema real à sua consciência, liberou o pensamento e sentimento para serem transmutados, e sentiu compaixão por sua versão mais jovem, que havia concluído ser inferior ao novo bebê. Assim, sua ansiedade, falta de sono e fome diminuíram. Tambem melhorou a relação com sua irmã.

Os *Chakras* do Corpo

É importante saber onde você sente o medo em seu corpo e, então, encontrar o *chakra* correspondente e a idade que tinha quando o medo se desenvolveu.

Existem sete *chakras* principais do corpo e dois *chakras* pequenos nas palmas das nossas mãos. Os *chakras* são centros de energia do corpo. Todos os temos, e elas foram até mesmo fotografados. São responsáveis pelo nosso bem-estar, desenvolvimento emocional e nossa conexão com o mundo físico e espiritual.

Todos os sete *chakras* são completamente desenvolvidos nos nossos sete primeiros aniversários. A cada ano, um *chakra* que governa uma área de nossas vidas floresce e nos ajuda a nos tornamos quem queremos ser.

Aqui está uma visão geral de cada *chakra*:

Chakra **Básico** — O primeiro *chakra* desenvolve-se desde o nascimento até o primeiro ano de idade. Este é o centro de energia que é responsável por nossas necessidades básicas de abrigo, comida e segurança. O *chakra* básico, também chamado Chakra da Raiz está localizado na base da coluna nos homens e entre os ovários nas mulheres. Quando somos alimentados, banhados, e bem cuidados pelos nossos pais nesta idade, nos sentimos seguros. Se somos negligenciados durante este tempo, ficamos inseguros sobre segurança física e financeira. Também percebemos as emoções de nossas mães durante a gravidez. Suas preocupações sobre dinheiro, comida e abrigo (reais ou irreais) também podem nos causar insegurança.

Chakra **do Sacro** — O segundo *chakra* desenvolve-se entre um e dois anos de idade. É o centro de energia responsável pela criatividade (criar energia) e pela energia sexual, também considerado o "coração inferior" nas mulheres. O *chakra* do Sacro está localizado cinco centímetros abaixo do umbigo e também pode ser chamado Chakra Umbinical. Quando a vida vai bem, a uma criança é permitido explorar e os pais fornecem e mantêm uma vida diária predominantemente calma, a criança pode criar seus sonhos, gerenciar vícios e manter relacionamentos saudáveis. Quando a criança tem inconsistência e/ou trauma durante este período, bloqueios podem ocorrer. As pessoas com bloqueios podem desenvolver vícios, relacionamentos fracos e disfunções sexuais. Este centro trabalha em conjunto com o quinto *chakra*, o centro do coração. Artistas criam a partir deste centro de energia. Pessoas muito criativas com bloqueios no quinto *chakra* irão submergir na energia do segundo *chakra* e ter períodos de alta criatividade sem amor, ou períodos de alta energia sexual e nenhuma criação.

Chakra do Plexo Solar — O terceiro *chakra* desenvolve-se entre os dois e três anos de idade. Este centro de energia é responsável pela força de vontade e está localizado embaixo do peito e acima do umbigo. Se este ano da vida da criança for rotineiro, ela terá boa autoestima, autoconfiança, muito autocontrole, poderá lidar bem com a autoridade e agir sobre sua intuição. Quando um grande trauma ocorre neste período, a criança terá dificuldades em assumir a responsabilidade de sua vida, aprenderá a manipular os outros ou será manipulada.

Chakra **do Coração**— O quarto *chakra* desenvolve-se entre os três e quatro anos de idade. Este centro de energia é responsável pela habilidade de dar e receber amor, compaixão e afeição. Uma criança bem cuidada poderá expressar amor e também dar, receber e sentir emoções. Quando ela é negligenciada e passa por qualquer trauma durante esta época, terá dificuldade em relacionamentos amorosos, será altamente crítica com outras pessoas e com ela mesma e terá dificuldade em se amar e se aceitar. Uma mulher com bloqueios neste *chakra* provavelmente irá utilizar seu coração inferior (segundo *chakra*) para lidar com o amor usando a sexualidade.

Chakra **da Garganta**—O quinto *chakra* desenvolve-se entre quatro e cinco anos de idade. Este centro de energia localizado na área da garganta é responsável pela habilidade de se comunicar e expressar-se no mundo. Durante o desenvolvimento deste *chakra*, as crianças a que são permitidas serem elas mesmas sem críticas podem se expressar ao mundo da forma que são e se comunicar bem. As crianças com pais críticos terão dificuldade em se expressar e aceitar quem são.

Chakra do Terceiro Olho—O sexto *chakra* desenvolve-se entre os cinco e seis anos de idade. Este centro de energia é responsável pelo "olho" da nossa mente. É só conhecimento e onde temos acesso à sabedoria. Este *chakra* é completamente aberto em crianças. À medida que elas crescem e são rejeitadas, reprimidas e criticadas por seus pensamentos, sentimentos e imaginação, o centro se torna bloqueado; então, têm pouco ou nenhum acesso à sabedoria. As crianças que podem expressar seus pensamentos, sentimentos e imaginação crescerão confiando em sua intuição e criarão um mundo à frente do seu tempo. Este centro também está conectado ao segundo *chakra*. As possibilidades são rapidamente originadas aqui e, então, criadas no segundo *chakra*.

Chakra da Coroa—O sétimo *chakra* desenvolve-se entre os seis e sete anos de idade. Este centro de energia é responsável pela nossa conexão com o divino. Por meio deste centro, localizado vinte centímetros acima de nossas cabeças, encontramos a conexão energética com Deus e seres espirituais. É por aí que recebemos a orientação divina. As crianças que são severamente punidas e ameaçadas com o inferno e outros seres místicos irão temer esta conexão com o espírito e fechá-la. As crianças que são ensinadas que Deus é amor estarão abertas a explorar uma forte conexão espiritual.

Chakras das Mãos—Existem dois *chakras* localizados nas palmas das mãos. Pequenos, mas poderosos, são desenvolvidos entre os quatro e cinco anos de idade. Eles possuem energia com poder de cura, que se desenvolve ao mesmo tempo que o *chakra* do coração. São responsáveis por nossa habilidade de curar pessoas, dar e receber amor e abençoar nossas casas, água e outros. Todos somos curadores. As pessoas que escolheram o caminho de curar os outros liberaram qualquer bloqueio que existe em seus caminhos para que possam utilizar a energia destes *chakras* em sua integridade.

A imagem dos sete *chakras* principais e dos dois pequenos *chakras*, assim como as idades em que eles se desenvolvem está abaixo.

Os sete principais chakras do corpo

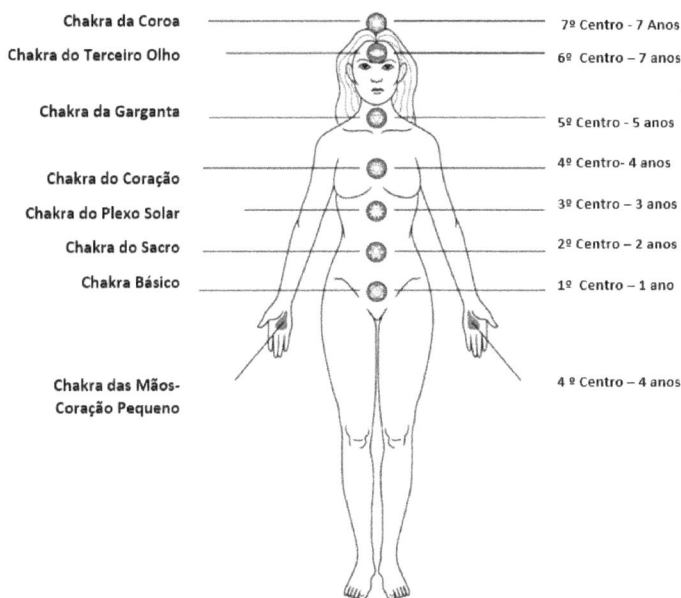

Chakra da Coroa — 7º Centro - 7 Anos
Chakra do Terceiro Olho — 6º Centro – 7 anos
Chakra da Garganta — 5º Centro - 5 anos
— 4º Centro- 4 anos
Chakra do Coração — 3º Centro – 3 anos
Chakra do Plexo Solar
Chakra do Sacro — 2º Centro – 2 anos
Chakra Básico — 1º Centro – 1 ano
Chakra das Mãos-Coração Pequeno — 4 º Centro – 4 anos

Os *chakras* de todos entram e saem do equilíbrio durante a vida. Qualquer bloqueio desenvolvido na infância ou idade adulta pode ser desbloqueado para que possamos alcançar nosso maior potencial.

Ao praticar o exercício Livrando-se do Medo, na página 111, você aprenderá a reconhecer os pensamentos de medo ao notar os sentimentos no seu corpo. Estes pensamentos não são bons. Pode parecer um processo longo e trabalhoso quando você considera seus trinta e cinco mil pensamentos por dia, mas não é. Como eu disse, eles se repetem muito. Além do mais, você pode trabalhar com um ou dois pensamentos por vez.

É mais fácil do que você pensa quando presta atenção aos seus sentimentos e as sensações do seu corpo. Se você tem algum sentimento ruim, descubra que pensamentos o causaram. Quando aprendemos a capturar estes pensamentos e a corrigi-los com amor, podemos diminuir a autocrítica em poucos dias. A autocompaixão é muito poderosa! Em algumas semanas, você perceberá que começa a dizer "não" para ações que não honram mais seu desejo por autocompaixão, e a dizer "sim" para atividades que iluminam seu espírito. Em alguns meses, você estará agindo com mais amor a si mesma e sua vida estará caminhando na direção que você quer.

Observando Como Você se Trata

Quando começamos a jornada de autodescobrimento, percebemos como nos tratamos mal. Você pode estar pensando agora: "eu não acho que me trato mal". Mas a verdade é que todas fazemos isto, de certa maneira. Quando trabalhamos no horário de almoço e passamos pelo restaurante de *fast food* para comer no carro ou ônibus, ou trabalhamos até tarde para terminar um projeto em vez de ir à aula de ioga ou ficar com os filhos, estamos nos maltratando. Até mesmos quanto ficamos acordadas para preparar *cupcakes* às 23 h para o evento beneficente da escola, em vez de ter uma boa noite de sono, ou fazemos trabalhos voluntarios no nosso único dia de folga quando há duas pilhas de roupas sujas, casa para limpar e você só termina de fazer tudo à meia-noite, estamos nos maltratando em um certo nível. Não há nada de errado em ajudar outras pessoas, mas comece a perceber quando você faz demais para os outros e prejudica o seu bem-estar. Se há um desequilíbrio entre o quanto você dá aos outros, em comparação com quanto você dá a si mesma, está na hora de ver como você está se tratando.

Todos precisam de uma dose de autocompaixão de vez em quando, e muitas pessoas precisam desta dose diariamente. Este é um processo de autodescoberta e pode ser um pouco doloroso no começo, mas, também, libertador. A liberdade que você sente ao liberar os blocos de dor que causou em si mesma (na maioria das vezes, inconscientemente), vai fazer você se perguntar como conseguiu viver desta forma por tanto tempo.

Lembre-se, não é necessário culpar ninguém ou as circunstâncias. Uma parte do processo é assumir total responsabilidade por onde você está hoje e onde quer estar na jornada de autoamor e autocompaixão.

Quando eu aprendi e coloquei este processo em prática, percebi o quanto estava criticando a mim mesma e aos outros no meu pensamento. Eu nunca falava o que pensava e não percebi como estava me machucando. Quando comecei a corrigir estes pensamentos (e você nunca para de corrigir seus pensamentos), minha vida começou a andar na direção dos meus sonhos. Eu me sentia centrada todos os dias e aprendi a cuidar de mim mesma antes de cuidar dos outros. Comecei a me dar o mesmo tempo que concedia às outras pessoas. Aprendi a me dar mais amor, e sabia quando deveria sair mais cedo do trabalho e ir fazer as unhas ou reflexologia, quando pedir para minha filha ir andando para a escola para que eu pudesse dormir até mais tarde, quando dizer "não" aos meus amigos e até mesmo quando agendar os cochilos nos meus dias de folga.

Muitas pessoas podem achar isto egoísta. No entanto, o egoísmo é a inabilidade de compartilhar. Quando você pratica a autocompaixão, aprende a compartilhar o que tem, sem se machucar. Quanto mais sua jarra estiver cheia e transbordar, mais você terá para doar aos outros, e vai estar doando de um espaço poderoso e cheio, em vez de escassez. Quando você está completa, suas doações são completas, grandes e autorreprodutoras.

Uma das atividades mais difíceis para as mulheres é cuidar de si mesmas antes de seus filhos. Não estou dizendo para deixar seu bebê chorar no meio da noite porque você precisa dormir. No entanto, você precisa dormir durante o dia enquanto o bebê dorme, antes de lavar as roupas, cozinhar para a família, ir ao supermercado ou limpar o banheiro. Uma das coisas mais maravilhosas que você vai descobrir quando pratica a autocompaixão é que quando decide, conscientemente e sem culpa, deixar a cozinha bagunçada para tirar um cochilo, você vai acordar se sentindo descansada e centrada. De repente, limpar a cozinha é uma tarefa fácil, porque você não está exausta. Além do mais, o autocuidado é energizante.

Percebi que quando nos damos esse tempo de autocuidado, voluntários apareciam o tempo todo para me ajudar com as roupas sujas, com as compras e projetos. Por que? Porque o Universo apoia a quem se apoia; os prazos curtos foram estendidos, não havia mais trânsito, as reuniões foram canceladas, não tive que ir trabalhar porque nevou muito, etc. Mais e mais, eu testemunho que o Universo nos dá o que precisamos quando nos amamos primeiro.

Generosidade Imprópria

A generosidade imprópria é o mesmo que a falta de autocompaixão. É dar o que você não tem. Parece um clichê, mas todas já ouvimos no avião, antes da decolagem, que precisamos colocar a máscara de oxigênio em nós mesmos antes de ajudar os outros — até mesmo em nossos filhos. É senso comum. Se você desmaiar por falta de oxigênio, você não poderá ajudar ninguém. Você morreria, assim como seus filhos.

Às vezes, o excesso de generosidade imprópria parece pequeno, como gotas caindo em um balde. No entanto, com o tempo, o balde ficará cheio e transbordará. Quando você doa demais aos outros e não sobra o suficiente para si mesma, outras áreas importantes da sua vida não recebem a atenção de que necessitam. É aí que você começa a encontrar problemas com a saúde, pagamentos atrasados, perda da casa ou emprego, relacionamentos complicados, ou de perder o último ônibus porque está sobrecarregada.

Não me leve a mal, não sou contra a generosidade. Por anos, recebi generosidade de muitas pessoas, e sou generosa quando sinto que devo ser. Pesquisas recentes descobriram que a pessoa que ajuda os outros obtém mais benefícios do que a pessoa que recebe a ajuda. Os benefícios são mentais, físicos e biológicos. No estudo, as pessoas que foram generosas mostraram um aumento em sua habilidade mental, eram mais saudáveis do que antes e produziam mais endorfina, dopamina e serotonina — os hormônios responsáveis pela saúde e vitalidade. Chegaram a medir estes níveis no laboratório!

Então, você precisa ajudar os outros ou não? Claro, ajude os outros, sim. Mas tome conta de si mesma com autocompaixão, primeiro. Verifique se a ajuda que oferece vem do coração aberto, e não de um senso de obrigação ou de um sentimento de dignidade.

Não Existem Erros

Outra área em que as mulheres são um pouco menos compassivas com si mesmas é quando sentem que cometeram um erro. Na verdade, erros não existem. O que chamamos de erros são ações e decisões que fazemos baseadas em nosso nível de consciência naquele momento. A vida possui muitos caminhos e estradas secundárias. Podemos fazer tudo, menos voltar no tempo (a não ser que você seja como o Benjamin Button do filme Americano "O Estranho Caso de Benjamin Button" de David Fincher. Nessa estoria Benjanim nasceu velho e morreu criança).

Não existem erros, apenas escolhas que nos dão oportunidades para aprender. Se os erros existissem, voltaríamos ao passado e os corrigiríamos. Eu, por exemplo, voltaria três dias no tempo e comeria só um brigadeiro, em vez de um prato inteiro, que me deu dor de estômago (este é meu exemplo, ok?). Mas o que chamamos de erros são simplesmente lições na jornada da vida (não coma um prato inteiro de brigadeiro).

Quando vemos um bebê tentando agarrar uma abelha e ele é picado, não dizemos: "Que criança estúpida!". Na realidade, sentimos compaixão pela criança, entendendo que ela aprendeu uma lição.

Muitas vezes, suas escolhas não fazem sentido para os outros. As pessoas que olham de fora dizem: "ela deve ser louca!", mas ninguém sabe os acordos que você tem com sua alma. Não conhecem a inspiração do seu coração ou o chamado do seu espírito. Suas escolhas só se tornam erros quando você as julga como tal ou permite que outros o façam.

Ninguém merece sofrer, mas isto acontece quando comparamos nossas vidas com as dos outros, ou de como nossas vidas devem ser. Os julgamentos dos outros se tornam nossos próprios preconceitos. Eventualmente, sentimos que nossas lições — o que chamam de erros — nos fazem merecer menos nossa própria compaixão, e às vezes até sentimos que precisamos doar ainda mais para os outros para justificar nossas existências.

Não há necessidade de justificar sua existência. Você é tão merecedora quanto qualquer outra pessoa e não deve ser julgada por ninguém, inclusive você mesma.

A autocompaixão extingue o autojulgamento que chama as lições da vida de "erros".

Encontre minha receita de brigadeiro no final do livro.

CAPÍTULO OITO

O CORPO, MENTE E ESPÍRITO DAS AFIRMAÇÕES

No SEXTO DIA, ACORDEI mais cedo que nos dias anteriores, mas fiquei meditando na cama e tentando — sem sucesso — parar de pensar sobre a nova vida da minha mãe. Dez meses antes de seu acidente, ela recebeu uma carta dizendo que a casa que alugava há anos seria demolida para a Copa do Mundo e os Jogos Olímpicos. Minha irmã e meus irmãos aproveitaram a oportunidade para procurar um lugar melhor para nossa mãe morar, mais perto da minha irmã, que tem a flexibilidade de levar nossa mãe às consultas médicas e *expertise* ao lidar com o sistema de saúde no Brasil.

Eu sabia que a carta de despejo acordou um gigante adormecido dentro da minha mãe: o pai de todos os castigos. Naquela época, o Brasil estava hospedando os maiores eventos esportivos mundiais, e isto fez aumentar muito o preço dos imóveis e aluguéis. Quando minha mãe não conseguiu encontrar um lugar acessível para morar, o gigante foi cutucado ferozmente.

Durante aquele sexto dia, vi o desespero silencioso em seu rosto, enquanto ela rezava com o terço. Ela parecia estar suplicando a Deus. *Ela não sabe que é uma alma divina*, eu pensei. Talvez as dificuldades dos anos pretendessem lembrá-la para procurar por alegria, mas, em vez disso, como acontece com muitos de nós, seus problemas a fizeram esquecer de procurar.

Minha mãe chama seus seis filhos de "bens" — "a única herança que meu marido me deixou". Seus filhos são seu sentimento de segurança. Sua aposentadoria não é suficiente para cobrir todas as contas, porque ela passou muitos anos sem trabalhar, para obedecer ao seu marido.

Minha mãe cresceu em uma família pobre. Minha avó lavava roupas pra fora, mas não tinha água corrente na casa. Então, minha mãe e suas irmãs pegavam todas as pilhas de roupa e andavam até o rio para lavar à mão as roupas das pessoas ricas. As roupas, então, eram torcidas e penduradas para secar no quintal. Finalmente, eram passadas com um ferro pesado aquecido no fogão.

Minha avó também se matriculou na escola de culinária quando era adulta, garantiu que suas filhas fossem para a escola e construiu duas casas em uma época onde as mulheres não podiam ter uma casa sem a permissão do marido ou do pai. Sustentou sua família enquanto seu marido, que trabalhava como motorista de caminhão, gastava boa parte do dinheiro indo a bailes. Isso, a minha mãe me contou sem culpar o pai.

Naquele tempo, as mulheres também não podiam ter uma conta bancária sem a assinatura do marido. Na verdade, podiam abrir a conta, mas eram proibidas de tirar dinheiro sem que um homem estivesse lidando com a transação. Minha avó incentivou seus filhos a estudar e terem uma carreira, mas apenas minha mãe e sua irmã mais velha terminaram a escola. Minha mãe tirou um diploma técnico em contabilidade e trabalhou como assistente de contador por alguns anos antes de conhecer meu pai, abandonar aquele emprego e fugir com ele. Minha mãe cresceu em um ambiente de escassez, trabalho duro, obediência e medo de Deus.

Antes do acidente, quando minha mãe se sentiu pressionada pelos meus irmãos para ir morar com um deles, me ligava para que eu a apoiasse contra eles. Eu escutava, concordava com ela e, então, ligava para eles para lembrá-los de que a nossa mãe não pode ter o direito de escolha por quase toda sua vida. Tentei convencê-los a recuar e deixá-la viver sozinha por quanto tempo quisesse e pudesse, mas foi em vão na maioria das vezes.

Nossa mãe foi da casa dos seus pais para a do seu marido, onde tudo foi escolhido para ela — tudo, desde os vestidos de igreja marrons (a cor que detestava) até as cortinas da sala de estar, que ela odiava. "Ela merece tomar suas próprias decisões", eu dizia. Agora, com sua lesão, é como se estivesse de volta à prisão. Ela me disse muitas vezes: "Eu me guaranto! Não quero morar com filhos!". E olha onde ela foi parar.

Nestas ligações, eu podia ouvir a preocupação e ansiedade em sua voz para encontrar um lugar onde morar. Eu concordei em enviar mais dinheiro para que ela pudesse ter mais opções de casas para buscar. Cerca de um mês antes do acidente, ela encontrou uma casa sem cozinha em uma zona perigosa, mas meus irmãos não a deixaram se mudar para lá. Eu também concordei. Ela estava disposta a desistir de seu conforto para ter um lugar onde morar sem seus filhos.

Uma semana antes do acidente, minha irmã encontrou um apartamento de um quarto perto de sua casa, que era perfeito para minha mãe. No Brasil, os inquilinos devem ter um fiador que garanta o pagamento, caso o aluguel não seja pago, e o fiador deve ter uma casa. Minha irmã lembrou de como minha mãe estava feliz e aliviada na manhã em que assinaram o contrato, sabendo que ela não teria que morar com seus filhos. Mais naquele tarde, o acidente aconteceu.

Naquela manhã minguada, entre minha meditação e a lembrança dos eventos anteriores ao acidente, entendi a oitava lição:

Não podemos lutar contra nada, porque lutar nos leva direto àquilo que não queremos.

A Lei da Atração

Assim é a lei da atração — isto atrai isto. Minha mãe estava lutando contra viver com seus filhos e ser dependente deles. Nos últimos anos, desde a morte do meu pai, esta era a única coisa com a qual ela lutava. Hoje, está morando com sua filha e depende mais de seus filhos do que antes. Teria sido melhor ela se concentrar em "viver sozinha", em vez de "não viver com os filhos". Estas duas intenções são bem diferentes.

A mente universal não consegue distinguir entre "viver com os filhos" e "*não* viver com os filhos". O Universo apenas escuta "viver com os filhos". Precisamos concentrar toda a nossa energia — corpo, mente e espírito — no que *queremos* em vez do que *desejamos evitar.*

Todos dizem: "Pense positivo", e acreditamos que o pensamento "não seja dependente" é positivo, mas perceba a palavra "não". Ela torna a frase negativa. A forma positiva deste pensamento seria "eu sou independente" — no presente e o que queremos, "não" o que não queremos.

Aqui está outro problema que minha mãe teve: seus pensamentos sobre o alto preço do aluguel em sua área. Se você não acredita que pode pagar o aluguel, provavelmente irá criar aquela situação. Seu pânico durante a busca por casas e suas constantes reclamações sobre os altos preços, assim como sua insistência em não morar com filhos, tudo isso criou uma energia que atraiu exatamente o que ela não queria.

Aqui estão mais exemplos de como tornar suas afirmações positivas para que você atraia o que quer:

Negativo	**Positivo**
Eu não quero ser pobre.	Eu sou próspera.
Eu não quero dificuldades.	Minha vida é harmoniosa.
Eu não quero problemas.	Eu estou bem.
Eu não quero um divórcio.	Eu tenho um bom casamento.
Eu não quero morar com meus filhos.	Eu sou independente.

Você já tentou utilizar a lei da atração, mas sem sucesso? A lei da atração é 50% conhecimento e 50% fé. O principal motivo pelo qual a lei da atração não funciona para algumas pessoas é porque elas mudam de opinião. Fazem isto porque não acreditam que serão, farão ou terão o que desejam.

Outro fenômeno que tem um impacto na lei da atração é o "desespero". Quanto mais desesperadas estivermos para ser, ter ou fazer algo, menos chances temos de conquistar o que queremos. O desespero é o medo de não chegar lá. Lembre-se que existem duas energias principais: amor e medo. O medo não traz abundância, felicidade ou harmonia. O desespero é a emoção do medo.

Após a primeira cirurgia da minha mãe, quando ela estava no hospital, uma de suas amigas ligou para contar que soube de uma casa disponível para alugar. "A casa não é ótima, mas você pode se contentar com ela", disse a amiga. A casa era em uma área onde aconteciam tiroteios quase toda semana. Incrivelmente, minha mãe queria garantir aquela casa, e até pediu para que sua amiga fizesse o depósito para segurar a casa. É isto o que o desespero faz.

Para manifestar o que queremos, precisamos sentir como se já tivéssemos o que desejamos. O *sentimento* de ter o que queremos é a chave. Mas se você se contentar com menos de que merece, como minha mãe, é o mesmo que dizer ao seu subconsciente e ao Universo que mudou de ideia e não quer mais uma casa bonita em um bairro bom e seguro.

Crenças Impedindo Nossos Sonhos

Assim como minha mãe não acreditou que poderia encontrar um lugar acessível para morar, sua própria falta de fé podem estar impedindo que você atraia o que deseja. Se quer ser rica, mas acredita que pessoas ricas são corruptas e gananciosas, a abundância continuará escapando de você. Se você acredita, como minha mãe, que merece ser castigada pelas coisas que fez no passado, a felicidade nunca chegará — ou se chegar, você não a reconhecerá. Se acredita que homens são mentirosos ou sempre adúlteros, este é o tipo de homem que irá aparecer na sua porta. Quando um cara incrível te chama para sair, você recusará, porque não sentirá atração por ele — e não saberá porquê.

A parte mais triste disso é que quando atraímos estas coisas baseadas em nossas opiniões, estas se retroalimentam ainda mais. E dizemos: "Está vendo! Eu sabia!", é a confirmação. Então, é necessário um pouco de trabalho de nossa parte para combater nossas crenças e o que *parece* ser a confirmação destas convicções.

Não importa quantas afirmações positivas você diga se, no fundo, acredita no oposto; apesar de que dedicar muito tempo com afirmações positivas pode ajudar você a ter fé, contanto que não haja desespero.

Então, em vez de duvidar de seus desejos ou culpar o Universo pelo que não está funcionando em sua vida, faça algumas perguntas a si mesma, como: "porque eu pedi por esta situação que eu não quero em minha vida?". Sim, você inconscientemente pediu por isto. É difícil aceitar, e não é motivo para você se culpar, porque todas já fizemos isto! Mas quanto mais rápido você reconhecer o que está acontecendo, mais rapidamente poderá mudar sua falta de fé e criar o que realmente quer.

Como Criar Afirmações

O motivo pelo qual você escreve as afirmações é para se certificar de que o Universo e seu subconsciente sabem exatamente o que você quer. Eles também a ajudam a enfrentar qualquer dúvida que tenha sobre seus desejos.

Se você continuar a trabalhar com os princípios do feng shui em sua vida, o seguinte vai ajudá-la a se concentrar em algumas áreas de sua vida e a alcançar seus desejos.

Existem nove áreas principais na vida. No Baguá a seguir, você verá estas áreas: Carreira, Pessoas Prestativas ou Viagem, Criatividade, Relacionamento, Fama ou Reconhecimento, Finanças, Família, Conhecimento ou Espiritualidade e Saúde. Eu sugiro que você selecione apenas três destas áreas que precisam de sua atenção imediata e escreva afirmações (intenções) para elas, para manter sua energia focada. Mais tarde, poderá escrever outras afirmações para as outras áreas.

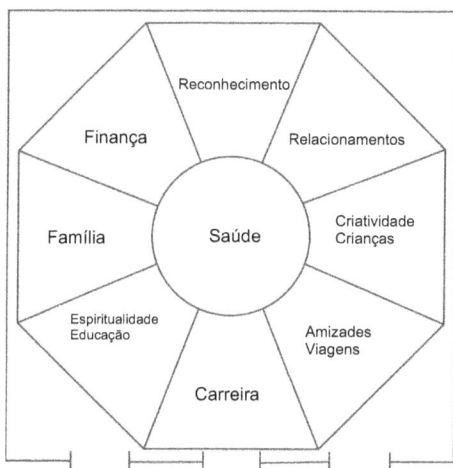

Parede de entrada

Importante. Enquanto você se prepara para escrever suas afirmações, lembre-se que todas nós criamos nossas vidas

129

todos os dias pelos pensamentos que temos, pelas palavras que usamos e pelas emoções que sentimos. Como resultado, a maioria do que criamos é inconsciente e não intencional. Então, preste atenção ao que você diz, pensa, sente e faz, que não esteja alinhado com suas afirmações.

A criação é um processo de três níveis: corpo, mente e espírito. Você pode escrever todas as afirmações que quiser sobre criar um relacionamento (corpo — manifestação física), mas se pensar (mente) que não há homens bons onde vive e não imaginar ou visualizar (espírito) os encontros incríveis que pode ter, você só estará trabalhando em um nível e poderá não ter sucesso.

Aqui está um exemplo completo para a carreira: Joana não consegue encontrar um emprego. Ela acorda cedo todos os dias para procurar trabalho na Internet e manda dois a três currículos todos os dias. Não trabalha há cinco meses e seu seguro-desemprego já está acabando. Desde o primeiro dia de sua busca, Joana tem conversado com seus amigos e com a família sobre como é difícil encontrar um trabalho. Cada e-mail de rejeição que recebe a deixa de mau humor. Quando as pessoas perguntam como está, ela responde: "nada bem".

Ela escreve a seguinte afirmação: eu *quero* um ótimo emprego, ganhar *muito* dinheiro e *sem stress*, trabalhando em um lugar onde meu chefe *não seja chato* e meus colegas *não sejam preguiçosos*.

Você pode perceber o que há de errado com esta afirmação? Ela pode dizer isto um milhão de vezes por dia, e até pode conseguir um emprego, mas não um em que será feliz. Ela está violando a regra do corpo, mente e espírito das afirmações. Vamos examinar detalhadamente:

1. **Corpo.** Ela utiliza a palavra "quero", o que significa que está afirmando "querer". Se você "quer" algo, você não o *tem*. "Muito" dinheiro não é específico. "Sem *stress*" é negativo, porque não há motivo para mencionar o *stress*.

"Não seja chato" e "não sejam preguiçosos" são claramente negativas.

Aqui está uma forma eficaz de escrever suas afirmações:

Eu gosto de trabalhar como uma funcionária pública ganhando R$5,000 por mes ou mais. Tenho um ótimo chefe e colegas incríveis, além de muito espaço para crescer na empresa.

Mude "quero", "desejo" ou "espero" para "tenho" ou "sou". Em vez de "sem *stress*", utilize "ambiente saudável".

Não use afirmações para influenciar o comportamento dos outros. Você não pode mudar os outros, só a si mesma. "Meu chefe me dá muitos aumentos" não é tão forte quanto "meu emprego me dá toda a abundância que eu mereço".

Se você tem dificuldade em acreditar que sua afirmação é possível, pode mudá-la para algo mais geral que possa aceitar, até que entenda que aquilo em que acredita é possível. Por exemplo: "Todos os dias, o Universo se organiza para me trazer o emprego que eu desejo".

2. **Mente.** Joana pensa em seu trabalho antigo o tempo todo e fala sobre como a tratavam mal. Ela tem expectativas baixas para os empregos aos quais se candidatou, e já antecipa que não os conseguirá. Na verdade, pensa que não é nem qualificada para eles. Se você quer um novo emprego, mas fica pensando sobre os problemas que teve em seu emprego atual ou anterior, envia mensagens conflitantes para seu subconsciente e ao Universo. É como reclamar que come arroz e feijão todos os dias, mas continuar a comê-los. Lembre-se: temos os mesmos pensamentos todos os dias. É sua decisão mudar estes pensamentos se eles não fazem bem para você.

Saiba que emprego você quer! Muitas pessoas mudam de opinião. Você pode modificar sua opinião, mas sua afirmação precisa combinar com sua escolha. Então, tente não mudar novamente.

3. **Espírito.** Joana se sente mal sempre que recebe um e-mail de rejeição. Ela sente pena de si mesma e culpa seu ex-chefe.

Tenha cuidado com os julgamentos sobre seus desejos. Se você não acredita que o quer seja possível, mude-os ou generalize a afirmação. Reserve um ou dois dias para escrevê-las. Utilize a meditação da afirmação a seguir se tiver dificuldade em descobrir ou decidir o que você quer. Muitas vezes, o medo nos invade e nos contentamos com o que é familiar e seguro (meu antigo emprego) em vez dos desejos do coração.

Quando trabalhamos com afirmações, é importante imaginarmos que sentimentos teremos quando a afirmação se tornar realidade. Se você quer um novo emprego, imagine-se sentindo a empolgação de conhecer novas pessoas e receber o primeiro pagamento, ou até mesmo de sair de férias com o dinheiro que ganhou. Como você se sente com isto?

A mente do passo anterior — seus pensamentos — colocará os sentimentos para funcionar — então, estes três passos estão interconectados. Seu subconsciente não sabe o que é real e o que não é. Seus pensamentos são tão reais quanto algo que você segura em sua mão. Então, imagine a situação que você quer o máximo de vezes possível e permita-se sentir as emoções de ter o que deseja.

Esta parte do processo é muito importante. Os maiores atletas praticam esta técnica todos os dias ao visualizar como se sentirão ao cruzar a linha de chegada e andar até o pódio para receber a medalha de ouro. Patinadores de gelo visualizam-se fazendo seus saltos perfeitamente o tempo todo. Espere que isto aconteça. Suas expectativas irão triunfar sobre o desespero.

Meditação para Afirmação

Se você não tem certeza do que quer, não se culpe. É um problema comum. Isto ocorre, principalmente, porque não reservamos tempo para estar com nós mesmas. Se você é como a maioria das pessoas, já lhe disseram que *deve* saber o que ser ou fazer a esta altura. E estes comentários não ajudam. A boa notícia é que se você não está satisfeita com o que está fazendo agora, está no caminho certo, porque saber o que você *não* quer ajuda a saber o que você *quer*.

Esta meditação irá ajudá-la a se tornar mais clara sobre seus desejos mais profundos, a liberar emoções negativas sobre seus desejos, trazer o pensamento habitual à tona e escrever suas afirmações corretamente.

Meditação da Claridade

Reserve de 20 a 30 minutos para esta meditação, mas eu sugiro que a faça em um dia quando puder relaxar. Algumas pessoas podem precisar de 2 a 3 horas para se recuperarem da descarga emocional que esta meditação pode causar. Você estará liberando grandes quantidades de energia negativa; então, é uma boa ideia tomar um banho longo logo depois e dormir bem. Certifique-se de desligar seu celular e de não ser incomodada.

Pegue um papel e uma caneta e encontre um lugar confortável e calmo para se sentar. Pode também tocar uma música relaxante para ajudá-la a se conectar com sua alma. Você pode baixar a meditação guiada no meu site http://www.ana-barreto.com/portugues. Leia a meditação inteira mesmo se baixá-la do meu site. Selecione uma área de sua vida das nove áreas do Baguá da página 60. Sempre trabalhe com uma área de cada vez, e não mais que três. Aqui estão os passos da meditação:

1. Feche os olhos e respire fundo três vezes, inspirando pelo nariz e expirando pela boca.

2. Relaxe seu couro cabeludo.

3. Relaxe sua testa, olhos, mandíbula e rosto.

4. Relaxe seu pescoço e ombros.

5. Relaxe a tensão em seus ombros. Pessoas ocupadas carrega muita energia nesta área.

6. Continue inspirando e expirando.

7. Relaxe as partes superior e inferior das suas costas.

8. Relaxe seus braços, mãos e dedos.

9. Relaxe sua barriga e seu quadril. As mães tendem a acumular muita tensão nestas áreas; então, relaxe ainda mais.

10. Continue inspirando e expirando.

11. Relaxe suas pernas, pés e dedos.

12. Agora, imagine uma luz brilhante, cor de lavanda circulando a cerca de 22 centímetros acima de sua cabeça. Essa luz é curadora e relaxante.

13. Imagine esta luz penetrando no topo de sua cabeça como uma leve brisa, removendo qualquer tensão na área de sua cabeça, pescoço e ombros.

14. A luz continua a descer, liberando qualquer energia desnecessária em seu coração, barriga, braços e pernas, saindo pelos seus dedos dos pés.

15. Permita que a luz desça até a Terra, e chegue ao centro do Planeta. Lá, imagina uma âncora muito pesada no centro da Terra. Amarre a luz a esta âncora até que esteja bem presa. Esta é sua conexão com a Mãe Natureza.

16. Sinta a energia acolhedora da Terra aumentando cada vez mais, e voltando para você da Terra. Sinta-a entrando pelos seus pés, pernas, barriga, coração, pescoço e cabeça, até que ela saia por cima de sua cabeça, e sobe até o céu.

17. Coloque sua mão direita na parte posterior central do seu pescoço. (veja a imagem abaixo) Pense na área que você quer melhorar e pergunte em voz alta uma vez e duas vezes, em silêncio: "Qual é meu trabalho? O que eu quero fazer? Qual é o trabalho da minha alma?" Continue

perguntando silenciosamente até ouvir a resposta de sua alma. Lembre-se de respirar.

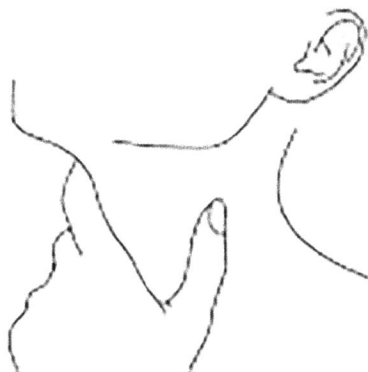

18. Gentilmente, abra seus olhos e escreva o primeiro pensamento que recebeu. Não se preocupe em cometer erros ortográficos e não julgue o pensamento. Continue escrevendo todos os pensamentos que tiver por alguns minutos.

19. A seguir, feche os olhos novamente e coloque sua mão direita no pescoço. Pergunte em voz alta uma vez e duas vezes, em silêncio: "Que pensamentos negativos eu tenho que estão interferindo com os desejos da minha alma?"

20. Abra os olhos e escreva as respostas que receber. Faça esta pergunta quantas vezes for necessário, até sentir que recebeu a resposta que precisava ouvir.

21. Feche os olhos e coloque sua mão direita na parte posterior central do seu pescoço. Pergunte uma vez em voz alta e duas, em silêncio: "Onde eu aprendi estes pensamentos negativos?"

22. Abra seus olhos e escreva a resposta que recebeu.

23. Feche os olhos, coloque sua mão direita na parte posterior central de seu pescoço e pergunte uma vez em voz alta

e duas vezes, em silêncio: "O que eu preciso fazer para liberar os pensamentos negativos?"

24. Abra seus olhos e escreva as instruções de sua alma.

25. Agora, imagine um grande balão em frente ao seu coração. Preencha o balão com todos os pensamentos negativos que descobriu hoje, todo o aprendizado negativo do passado e todas as vozes que a influenciaram e que não fazem bem a quem você é e quem deseja ser. Imagine a energia saindo de seu corpo e entrando no balão. Veja o balão subindo e flutuando no céu.

26. Diga três vezes em voz alta: "Hoje, eu libero estas energias que não me fazem bem, para que elas possam ser transformadas pelo Universo. Eu agradeço por estas lições e abro meu coração ao amor e sabedoria".

27. Fique ali até o balão flutuar para fora da Terra e do Sistema Solar, desaparecendo no espaço. Escreva qualquer coisa que vier à sua mente.

Agora, está na hora de escrever sua afirmação. Releia as instruções para escrever as afirmações para que você obedeça às diretrizes do corpo, mente e espírito. Prepare uma xícara de chá e relaxe. Deixe as lágrimas saírem. Chorar é um sinal de que você está conectada à sua alma. Pode ficar em silêncio ou caminhar ao ar livre. É bom dar uma oportunidade para seu corpo, mente e espírito trabalharem juntos. Na primeira vez que você fizer esta meditação, vai liberar grandes quantidades de energia. Pode chorar ou até sentir uma forte dor na área do coração. Quanto mais você chorar, mais irá liberar a dor. Seu corpo irá se recuperar dentro de oito a dez horas. Se a dor for muito forte, espere ao menos trinta dias antes de voltar a fazer o exercício. Este é um sinal de que a cura começou, mas que ainda há alguns outros níveis de cura a caminho. Seja gentil consigo mesma. Tente não trabalhar muito ou cuidar das crianças até o dia depois da meditação, ou, pelo menos, só por esse dia. Este é um momento muito especial entre você e seu eu interior.

Lembre-se: É muito bom desapegar das coisas! À medida que você se desapega, abrirá caminho para a aceitação e positividade. Você terá menos possibilidades de "lutar contra" o que não quer e se concentrar com o que *de fato* quer.

CAPÍTULO NOVE

~ঙ~

PARE DE "AGUENTAR"

O SÉTIMO DIA CHEGOU MAIS calmo do que as manhãs anterio-res. Minha mãe ainda precisava de seus remédios durante a noite, mas eu estava menos preocupada. O café da manhã foi igual ao dia anterior, assim como a mudança dos lençóis. An-tes de sair pela manhã para a casa da minha mãe, preparei uma sopa com os feijões que minha irmã tinha cozinhado naquela semana. Minha mãe precisava ficar em uma dieta líquida e pas-tosa por, pelo menos, mais duas ou três semanas.

Demorava 14 a 18 horas para cozinhar o feijão da forma tradicional, como minha mãe e avó faziam. Elas peneiravam para tirar pedras, insetos e feijões estragados. Então, eles eram lavados com muita água e passavam a noite de molho para amolecer. De manhã, elas checavam novamente para procurar pedras ou feijões ruins que apareciam na água e os lavavam novamente. Minha mãe começava a cozinhar às sete da ma-nhã, porque os feijões demoravam cerca de três horas para ficar prontos no fogo baixo. Isto foi antes de termos uma pa-nela de pressão. (Você pode encontrar a receita da minha mãe no final do livro).

Quando eu era criança, cozinhar feijões era uma lição para aprender a esperar — assim como precisamos esperar pelo amor. Minha mãe dizia: "Quem espera sempre alcança".

Hoje, sei que existem dois tipos de esperança: esperar com certeza e esperar com dúvida. Esperar com certeza levará você a alcançar seu objetivo. Esperar com preocupação e dúvida, por outro lado, a deixará doente. Muitas mulheres confundem esperar com "aguentar" ou tolerar as coisas ruins da vida.

Aguentando a Vida

Quando eu cheguei à casa da minha mãe, encontrei meu álbum de casamento entre os papéis e fotos jogados no guarda-roupa. Ele me fez lembrar como relutei em dormir na noite do meu casamento, porque não queria que o dia mais feliz da minha vida acabasse. Foi mais de vinte anos após aquele momento, e eu estava divorciada e feliz, ainda resolvendo algumas coisas daquela relação. O que eu deveria fazer com o álbum? Talvez, daria ele para a minha filha mais nova, já que eu ainda tinha outro álbum guardado na caixa de "eu não sei o que fazer com isto" escondida no meu porão. Sim, até com minha prática de feng shui, eu tenho um canto que não tem outro propósito a não ser guardar coisas que eu ainda não consegui me desfazer. Como eu disse antes, feng shui é um processo. Você não pode doar (quem quer o álbum de casamento de alguém?), e jogá-lo fora parece um desperdício de dinheiro. Eu poderia guardá-lo para as filhas. Mas, talvez, minhas filhas não queiram ser lembradas do casamento fracassado dos pais e a dor que isto causou a elas.

Olhando o álbum, notei que meu ex-marido estava muito bonito elegante, e meu pai estava ótimo em seu taxedo. Não acreditava que tinha escolhido aqueles vestidos para minhas enteadas. O que eu tinha na cabeça? Meus pensamentos, então, foram para a conversa que tive com minha mãe em 2003, quando telefonei para contar que estava me separando. "Por quê?", ela questionou. "Meu casamento foi pior que o seu e eu aguentei", ela fez o seu ponto de mãe.

Não acho que isto é o que uma pessoa quer ouvir da mãe quando conta que está prestes a entrar por um caminho escuro, assustador, doloroso e incerto, principalmente quando voce tem tentado evita-lo há anos. Para mim, o divórcio foi um grande desvio da estrada que eu planejei tomar durante toda a minha vida, e o fim de um longo sonho feliz.

Também lembrei que compartilhei meu medo de me separar com uma amiga. Não consiguia alcamar a dor de ter minha alma gêmea tentando me impedir de andar no meu caminho para a felicidade. Ainda lembrava do pequeno ursinho de pelúcia que a Andrea me enviou com um cartão, que dizia: "Bear with it". A traducão, "Aguente firme".

Naquele dia, enquanto guardava o álbum de casamento, entendi a nona lição que a vida da minha mãe me ensinou:

"Aguentar" as nossas vidas só alimenta nossos medos e deixa nosso poder pessoal dormente.

Apesar de significar segurar firme, suportar ou continuar forte, "aguentar" é um verbo destrutivo. Ele impede nossa conexão com nossa alma. Nada lindo ou que conecte você à sua alma envolve o verbo "aguentar".

Minha mãe tem um Doutorado em "aguentar", assim como muitas outras mulheres. Eu estava trabalhando no meu "mestrado" em "aguentar" quando decidi desistir e pedir o divórcio. Com medo da minha situação financeira, de ser discriminada por ser divorciada, de perder minha casa, de não poder arcar com uma boa vida para minhas filhas, acabei "aguentando" meu casamento após ele ter acabado, e isto estava esgotando minha energia.

Em 1988, minha mãe estava aguentando uma das indiscrições do meu pai, quando ele teve um caso romantico com uma amiga da minha irmã, que estava temporariamente vivendo em sua casa. Ela "aguentou" um derrame após descobrir o caso e não contar para ninguém. Alguns meses antes do acidente que sofreu, ela estava aguentando o stress de ter que se mudar, sem saber para onde ir. Ela estava aguentando a falta de disponibilidade dos filhos para procurar uma casa com ela. Ela estava aguentando o senhorio que não consertou o vazamento no telhado por anos. Ela estava aguentando um colega de trabalho que a pressionava para se aposentar.

Em algum momento na História, as mulheres decidiram que "aguentar" era algo enobrecedor. Nobreza é quando carregamos crianças no ventre! O que é mais nobre que isto? Talvez por causa de Joana d'Arc e Jesus Cristo, assumimos a imagem de mártires. Tornamo-nos simpatizantes. Talvez a dor do parto influenciou as mulheres a aceitarem que aguentar coisas dolorosas na vida é uma coisa boa.

Mas existe uma grande diferença entre tolerar abuso, desrespeito, indiferença, que alguém se aproveite de você devido à sua falta de autoamor, e aceitar as consequências de uma grande causa porque você tem autoamor e há uma energia maior chamando você. Joana e Jesus tornaram-se mártires, mas precisaram ser mártires. Não tiveram que "aguentaram" nada. Foi o poder da aceitação.

O objetivo da humanidade é ser feliz — sempre! Deus não quer que sejamos infelizes, não importa o que a religião institucional nos ensinou. Quando toleramos a dor, nos desconectamos de nosso "eu superior". Se "aguentar" fosse aceitável, nós ainda teríamos escravos, as mulheres não votariam ou estudariam e os judeus ainda estariam vivendo em campos de concentração.

O Poder de Uma Mulher

Durante dezoito anos, eu assisti à minha mãe "aguentar" as coisas ruins em sua vida, porque ela achava que precisava. Ela sentia que precisava "aguentar" os ataques verbais, as ameaças físicas e o desprezo emocional. Ela supunha que precisava "aguentar" ver o abuso de seus filhos. Não via uma saída para aquela situação. Tinha seis filhos, não tinha emprego, dinheiro, e ainda carregava uma bagagem emocional cheia de culpa e vergonha, que trava as pessoas. Quando eu era criança, assumi que minha infância era normal. Era só o que eu conhecia, apesar de que, no fundo, suspeitava que não era natural.

Quando eu tinha vinte e seis anos, minha mãe me disse que ela só queria três filhos, mas meu pai não permitiu que tomasse anticoncepcionais. Após seis filhos, ela pôde parar de ter filhos quando sua amiga lhe deu pílulas anticoncepcionais, sem o conhecimento do meu pai.

Minha mãe executou pouquíssimo do seu poder. Mas eu ainda não culpo meu pai. Também não a culpo. Ambos foram produtos do seu tempo e cultura. Minha mãe tinha escolha, e ela optou por aguentar, rezar e esperar por um tempo melhor.

Durante os tempos de frustração, minha mãe tentava compensar pela nossas vidas com conselhos para mim e minha irmã: "Nunca dependa de homem". Esta era a forma dela de mudar o futuro das filhas, que aprendi por osmose. E segui este conselho à risca. Não queria perder meu poder pessoal. E nunca quis suportar as mesmas coisas que minha mãe.

Mas como sempre acontece, a lei de atração não falha. Eu também perdi meu poder possoal durante os anos de casamento. Existem muitas maneiras pelas quais as mulheres perdem seu poder. Eu perdi o meu quando não segui meu coração e escolhi agradar meu marido para manter a paz, como minha mãe fez antes de mim. Perdi meu poder quando fui contra meus próprios desejos para fazer a outra pessoa feliz, ao prover o que eu pensei que ele queria — apesar de ele nunca ter dito o que queria. Eu "aguentava" isto ao me manter ocupada. Ter poder não é manter as coisas como queremos, e, sim, sermos realmente felizes.

Aprendi que muitas mulheres perdem seu poder muito jovens, até mesmo aos nove anos de idade. Todas temos poder quando nascemos. Se você não acredita em mim, veja como os bebês acordam no meio da noite e conseguem o que querem. Como são felizes e quanta alegria espalham por aí só por estarem presentes. Esta é a natureza verdadeira da felicidade.

Quando você perde seu poder, é como se perdesse seu celular. Você sabe que ele está em casa, mas não consegue encontrá-lo. Você liga para o celular e percebe que ele está no silencioso. Refaz seus passos e jura que deixou no mesmo lugar de sempre, mas ele não está lá. Você aceita que vai se atrasar e respira fundo, e, finalmente, o encontra em sua bolsa ou no bolso. Você estava com ele o tempo inteiro.

O mesmo acontece com nosso poder. Nós nunca *realmente* perdemos nosso poder. Só o perdemos de vista. Nós o mantemos dormente e esperamos algo acontecer ou alguém mudar. No entanto, tudo que precisamos fazer é acordá-lo.

Muitas mulheres confundem "aguentar" com "esperar". Esperamos pelo ônibus, esperamos para o arroz e feijão cozinharem e esperamos a água do chuveiro esquentar. Mas precisamos parar de tolerar abuso físico, mental e espiritual. Por quanto tempo uma pessoa pode tolerar o abuso para manter a paz? Um dia, dois meses ou trinta anos é tempo demais. Estas ações só levam nosso poder pessoal para longe de nós. Sem nosso poder pessoal, desistimos de viver autenticamente. A vida existe para ser vivida conscientemente.

O Poder da Aceitação

"Aguentar" também significa "agarrar". Quando nos agarramos em algo que já serviu seu propósito por muito tempo, interrompemos o fluxo da abundância — e não estou falando só de dinheiro. Também é felicidade, alegria, prosperidade, saúde, conexão, e assim por diante, que perdem seus fluxos em sua vida. Apesar de ser difícil de aceitar, a perda é sempre boa. Tudo que vai, abre espaço para algo novo chegar. Às vezes, perdemos o ônibus e descobrimos que ele teve um acidente. Outras vezes, perdemos um namorado que acaba sendo um marido infiel para sua nova esposa. Quando perdemos algo, é um sinal de crescimento. Estamos prontas para algo melhor.

Em vez de aguentar ou tolerar qualquer evento indesejado, precisamos aceitar que o que aconteceu é para o nosso bem-estar, apesar de não parecer. Os espancamentos, o abuso, a dor, a perda de alguém que você ama aconteceu por um motivo que não entendemos. Podemos chorar, ter raiva, ficar tristes, lamentar e, então, aceitar e seguir em frente, dentro do tempo apropriado que você precisa para aceitar. Não estou dizendo para tolerar o abuso. Apenas que você reconheça o que aconteceu e siga em frente. Não demore muito em sua dor. Existe um grande poder na aceitação. Ela nos permite seguir em frente. Quando aguentamos ou toleramos o que nos deixa infeliz, isto pesa na nossa alma. Com uma alma pesada, você não faz bem para si mesma ou para qualquer outra pessoa ao seu redor. Quando aceitamos, nós adentramos o nosso poder. Isto não significa que concordamos com o que aconteceu, mas a aceitação alimenta o poder que você precisa para sair desta situação.

Qual a diferença entre aceitar e tolerar? Você pode sentir em seu corpo e alma. Quando aceitamos, utilizamos nosso poder pessoal. Podemos estar tristes, mas nossas emoções estão centradas, e podemos facilmente continuar com nosso dia e nossas vidas. Quando toleramos, não nos sentimos bem. Nosso poder está sendo refém dos nossos sentimentos, ficamos tensas e estressadas. Não podemos ver a abundância, a felicidade ou a solução de um problema, mesmo se eles pisarem em nossos pés, vestindo um tutu vermelho com bolinhas amarelo e carregando um elefante roxo nas costas.

O medo é o que nos faz "aguentar". O melhor remédio para curar o medo é confrontá-lo e agir com amor. Quando bebemos água, é porque o corpo está com sede. Quando sentimos medo, é porque a alma quer crescer. O medo tem suas vantagens, quando não estamos paralisadas por ele.

Então, o primeiro passo para crescer é ter fé. Quando temos fé, sabemos que aquilo que precisamos ou desejamos está a caminho. Quando agimos, o medo é reduzido. As dúvidas podem surgir no meio do caminho, mas se focarmos no que desejamos e por que queremos algo, continuarmos avançando. O medo se torna um catalisador, e não um destruidor, dos seus desejos.

Muitas vezes, olhamos para nossas vidas e percebemos que o medo nos deixou paralisadas por mais tempo do que precisávamos. Descobrimos que aquilo que parecia tão difícil, foi mais fácil do que pensávamos. Você pode imaginar que poderia ter agido antes, mas este pensamento está incorreto. Você não agiu antes porque não tinha o nível de consciência necessário naquele tempo. No momento certo, enxerga quando olhar para trás, porque agora está mais sábia.

Aceite onde você está. Ninguém age até estar pronto. Ao mesmo tempo, não desperdice sua vida deixando o medo mandar em "quando" e "como" você faz as coisas. Quando você finalmente decidir ser feliz, todos os obstáculos que enfrentar serão menos importantes que sua felicidade.

Devemos parar de tolerar a autoviolação e aceitar que as coisas devem ser feitas sem raiva ou medo. Quando sabemos que tudo o que acontece é para nosso próprio bem, seguimos em frente. Existe uma oportunidade de aprendizagem esperando para ser descoberta a cada vez que você "aguenta" ou comete autoviolação, e quanto mais rápido aceitarmos as mudanças e praticarmos o autoamor, mais rápido nosso espírito crescerá.

A Voz da Alma

É importante aprender a discernir quando estamos alimentando nossos medos. Este é o momento em que nos conectamos com nossas almas. Existem tantas vozes falando em nossas mentes que não sabemos como distinguir qual voz é a da sabedoria da alma, e quais vozes são as vozes do medo. Note que eu disse "vozes" — no plural. Muitas vezes, ouvimos as vozes dos nossos pais, o que nem sempre é ruim. Outras vezes, é a voz crítica de um amigo próximo ou de um ex-namorado. Quando nos dedicamos a escutar nossa voz interior, a voz verdadeira sempre será ouvida. Apenas escute.

Lembre-se, a voz da alma é gentil, calma e amorosa. Ela nunca julga, envergonha ou critica. Ela nunca utiliza as palavras "precisa" ou "deve", porque sabe que você tem o poder de escolha. Ela nunca causa ansiedade. Esta voz evoca sentimentos de paz e verdade. Quando cultivamos este relacionamento com nós mesmas, acessamos uma grande sabedoria que sempre esteve ali.

A voz que você escuta é igual à voz de quando conta de um a cinco em sua cabeça. Você sabe o próximo número. Uma prática regular e diária da meditação fará você chegar lá bem pronto. Conectamo-nos com nossas almas ao reservarmos um tempo para escutar nossas vozes e ao esquecermos as desculpas que nos fazem relutar em abandonar a "miséria enobrecedora"-desculpas que criamos para nossas situações-, e abrimos espaço para nos movermos na direção dos nossos sonhos, desejos e felicidade.

Outro dia, almocei com uma amiga próxima e ela compartilhou algumas das dificuldades que teve com seu marido por muitos anos. Ela compartilhou o abuso verbal, mental e físico que sofreu. Ela ainda estava pensando sobre ir embora, e disse que estava vivendo em "modo de sobrevivência" por quase dezessete anos. Quando escutamos histórias assim, nosso primeiro pensamento é julgar, tentar forçar o(a) outro(a) a agir, ou ficarmos muito tristes. Nenhuma destas ações vai ajudar, de fato. A pessoa vai continuar em seu caminho, e quanto estiver pronta, vai se conectar com sua alma. Não é fácil estar em seu lugar, todos concordamos com isto. Só uma forte conexão com sua alma vai levá-la aonde precisa estar. Apenas ela pode fazer isto por si mesma.

Nós, mulheres, geralmente temos um gene de autossacrifício em nosso DNA, mas também temos um forte poder pessoal, que pode corrigir e curar qualquer gene indesejado em nosso DNA. Não é o tipo de poder que luta — apesar de que podemos fazer isto, — mas é ainda mais poderoso. É o tipo de poder que cria e nutre mundos — nosso mundo.

Se você precisa rotular qualquer coisa que faz como "autossacrifício", isto não vai fazer bem a quem você realmente é e/ou está se tornando. Se está desistindo de sua carreira para criar seus filhos porque quer estar disponível para eles e gerenciar bem sua casa, bem, isto é fantástico e você está vivendo em seu poder. Mas no momento que diz ou pensa que está sacrificando seu potencial profissional para criar seus filhos, desconecta-se de sua fonte de poder. O que você faz *não* é o que vai ligar ou desligar seu poder; é o que pensa e como se sente sobre o que está escolhendo. O oposto também pode ser uma ação de desempoderamento. Se você está trabalhando e sente que está sacrificando sua vida familiar para construir sua carreira, isto não é poderoso.

Os genes em seu DNA podem ser mudados, não só a expressão do gene. A ciência provou isto. É importante estar em seu poder — sempre ou, pelo menos, na maior parte do tempo. Você tomará decisões que apoiam quem você realmente é e quem está se tornando. Além do mais, a vida amará você de volta. Você saberá que a felicidade não é algo pelo qual almeja; está vivendo ela agora.

Como Conectar e Fortalecer seu Poder

Encontre uma área verde em um jardim ou parque. Você pode imaginar estar em um se não houver grama perto de onde está. Tire seus sapatos e sinta a grama. Brinque com ela com seus dedos e feche os olhos. Respire fundo e lentamente três vezes. Coloque três dedos em cima do seu estômago — no espaço no meio da sua barriga, alguns centímetros abaixo do peito — e sinta a energia da área. Este é o seu terceiro chakra responsável pelo seu poder pessoal. Na mente dos seus olhos, imagine uma luz amarela circulando ao redor desta área. Sinta as emoções elevadas ali e a energia do seu poder pessoal. Mantenha a luz circulando e imagine-a curando esta área. Abra espaço para seu poder pessoal acordar. Aumente a luz e sinta as emoções. Peça ao seu espírito para apoiar você neste momento e sinta-se sendo curada.

Pratique este exercício o quanto quiser para ajudá-la a fortalecer seu poder. É especialmente útil se você estiver tentando criar coragem para fazer uma grande mudança em sua vida. Esta não é uma meditação que vai lhe dar coragem para se demitir imediatamente daquele emprego do qual estava pensando em sair, ou terminar um casamento que há anos não está feliz, apesar de que isto possa acontecer. Esta curta meditação é apenas um passo para você buscar seu poder aonde quer que seja que o tenha deixado. Recupere seu poder e desista da crença de que precisa "aguentar" as dificuldades para ser feliz mais tarde. O poder é seu. E sempre foi.

CAPÍTULO DEZ

BEM-VINDA DE VOLTA À CASA!

No dia de minha saída para Nova York, acordei às seis horas da manhã, dei o remédio para minha mãe e voltei para a cama. Acordei às oito, dei seu iogurte e fui preparar seu café da manhã com aveia e café com leite. Troquei sua fralda, coloquei-a em uma bacia portátil, dei um banho de esponja, hidratei seu corpo com loção, a vesti, limpei suas cicatrizes da cirurgia, mudei seus curativos, sabendo que demoraria tempo até que eu pudesse cuidar dela novamente. Escovei seu cabelo, ajudei-a a subir na cadeira de rodas e a levei para a sala de estar após ela rezar o terço.

Troquei os lençóis da cama dela e dei à minha irmã a tarefa que ela sabe fazer melhor: lavar as roupas. Também mostrei à minha irmã como fazer mais duas sopas — de couve-flor e beterraba — o que duraria mais uma semana (as receitas estão no final do livro).

Quando comecei a fazer a mala, minha mãe sentou-se na sala de estar com o mesmo ar distante de tristeza e descrença que tinha adotado no meu primeiro dia no Rio de Janeiro. Ainda assim, eu estava feliz com o progresso que fizemos desde o acidente. A casa dela estava fechada e seu novo quarto estava limpo, organizado, e com feng shui para saúde e prosperidade. Ela estaria se recuperando em sua nova casa com minha irmã.

Por outro lado, meu coração estava pesado e meu corpo exausto, não por causa de todo o trabalho dos últimos dias, mas pelo peso dos meus pensamentos por deixar minha mãe "incompleta". Eu sabia, claro, que ela estava completa — só precisaria de mais tempo para processar as mudanças em sua vida. E, principalmente, precisava encontrar sua própria plenitude.

Apesar de sentir falta da minha família Brasileira quando estava em Nova York, visitá-la no Brasil sempre foi difícil. Não posso dizer que eram como férias — algo que eu tenho certeza que muitas pessoas podem entender. Correr da casa de um parente para outra não é divertido quando você só tem uma semana para descansar. No começo, fazia isto por obrigação. Minha família precisava conhecer minhas filhas, e eu precisava rever os sobrinhos, sobrinhas e cunhadas.

A cada visita, vi minha mãe envelhecendo e meu pai ficando mais fraco até falecer. Meus irmãos tornaram-se adultos do dia para a noite, e não vi as manhãs ou tardes de seu crescimento. As ruas mudaram de direção e os ônibus estavam mais cheios do que antes. O metrô foi para outros lugares e o humor brasileiro tinha que ser explicado pela minha irmã — e, mesmo assim, eu não entendia.

Lembro do meu voo para Nova York em 2003, quando escrevi sobre meus planos de voltar para o Brasil após terminar meu MBA. Estava sendo movida principalmente pelo meu sentimento de saudade das reuniões de família nos domingos e de todas as festas de aniversário. O meu divórcio também tinha uma influência nisso. Além do mais, as ligações na véspera de Natal eram mais tristes que felizes.

Parte de mim sentia que eu queria desistir da minha vida agradável em Rhinebeck, NY e me mudar para o Brasil para cuidar da minha mãe. Há algo especial sobre ser útil, principalmente quando se está ajudando a sua mãe. Seria bom ajudá-la viver uma vida melhor. Mas isto contradiz tudo que sei sobre a lei da criação, em que criamos nossas próprias realidades. Além do mais, não sabia se realmente queria deixar Nova York.

Quando estava chegando perto da minha hora de deixar o Brasil novamente, despedi-me dos meus irmãos, irmã e cunhadas — estas últimas foram promovidas a irmãs depois de todo o auxílio que prestaram. Dei um forte adeus à minha mãe, que tinha lágrimas nos olhos, e prometi que voltaria em breve para ajudá-la com sua futura casa, uma vez que ela estivesse recuperada.

Quando um dos meus irmão, levou-me ao aeroporto, lágrimas rolaram, abundantes, dos meus olhos. Eu não tinha mais que ser forte para minha mãe. Sentia-me muito dividida entre ela, no Brasil, e minha vida em Nova York. Meu irmao assegurou-me que ela estaria bem. Eu vi o Pão de Açúcar à distância no caminho para o aeroporto, e me despedi de uma paisagem que sempre amei admirar.

Pela primeira vez, estava feliz de que o voo para Nova York duraria nove horas. Teria que voltar a trabalhar na próxima manhã e meu corpo precisava dormir, minhas emoções serem reiniciadas e a minha energia renovada durante o voo. Embarquei e sentei-me na poltrona da janela. Usei meu cobertor e um travesseiro para ficar confortável. Entre os momentos em que estava dormindo e acordada durante o voo, pensei em como voltar para o Rio, trabalhar e me mudar com minhas filhas. Eu estava dividida com laços emocionais no Rio e em Rhinebeck.

Assim que o avião aterrissou, vi as mensagens do meu celular e imediatamente me senti sufocada. Tive até que parar durante a volta para casa, onde iria participar de uma teleconferência. Meu chefe logo ligou para descobrir se eu tinha participado na chamada. Eu queria dizer: "Sim, minha mãe está bem. Obrigada por perguntar!". Talvez precisasse pensar duas vezes sobre meu trabalho e em ficar em Nova York. Bem-vinda de volta a casa para mim!

Mergulhei direto no trabalho em casa até tarde da noite, dividindo minha atenção entre o Rio, meu trabalho e viver em Nova York. Ao fim do dia, tomei um longo banho para limpar minha energia e as lágrimas que chegavam sempre que pensava na minha mãe, e fui para a cama para não ter que pensar em mais nada.

No dia seguinte, acordei e meditei com dificuldade. Tomei um banho e me vesti para o trabalho. Liguei para minhas filhas na Suíça e minha irmã no Brasil. Em vinte e quatro horas, minha irmã tinha contratado uma enfermeira, levado minha mãe ao médico para um check-up e foi informada de que as cicatrizes dela estavam melhorando.

Naquela manhã, no caminho para o trabalho, acabei no hospital. Machuquei meu dedo quando ele ficou preso entre os painéis da porta da garagem. A dor era inacreditável, e eu tinha certeza de que o havia quebrado. Coloquei água gelada nele e esperei alguns minutos para ver se a dor passava, mas não funcionou. Tentei dirigir sozinha para o hospital, mas foi impossível. Por sorte, minha vizinha estava disponível para me dar uma carona.

A radiografia mostrou que eu não tinha quebrado o dedo. Que alívio! Então, fui enviada para casa com analgésicos. Assim que cheguei, liguei para o meu chefe para avisar que não iria trabalhar. Dormi o dia inteiro.

Mais cedo naquela noite, quando finalmente acordei, sentindo-me descansada, conectada e com uma mente clara, sentei na cama e entendi uma outra sabedoria. Esta veio da minha alma suavemente se esgueirando em mim, como uma brisa inesperada que entra pela janelae acariciou à minha mente:

O amor é indivisível.

A sabedoria vem de dentro. Ela aparece quando prestamos atenção. Chegar em Nova York e correr para tirar o atraso no trabalho não seria uma boa prática para a alma. Minha viagem ao hospital foi o que o Universo criou para me forçar a diminuir o ritmo e descobrir esta sabedoria, que veio da minha própria experiência.

Não posso medir numa régua o amor que tenho pela minha mãe, no Rio, e pela minha vida em Nova York com minhas filhas. O amor não pode ser dividido. Não pode ser uma fonte de divisão. O amor engloba *tudo*. As dificuldades pelas quais eu passei ao retornando a Nova York chegaram quando eu tentei dividir o amor, em vez de vivê-lo completo em sua plenitude.

Durante sua vida inteira, minha mãe tomou decisões por amor. Ela decidiu ficar com meu pai, ter seus filhos, tirar dinheiro dos seus bolsos, pedir ajuda, voltar a trabalhar, confrontar seu marido abusivo, ser despejada três vezes, viver sozinha, aposentar-se mas continuar trabalhando, ter um acidente e recomeçar sua vida vivendo com uma das filhas, apesar de que não tinha total consciência de suas escolhas. Ainda assim, existiu muito amor em tudo que ela passou, e se medirmos nossas ações, pensamentos e emoções, o amor pode não será visto.

O amor não é uma estrada de mãos duplas de Nova York para o Rio. O amor é o caminho. O amor é tudo o que acontece. O amor é decidir ficar e decidir ir. O amor é fugir e ficar no mesmo lugar. O amor é estar com minha mãe e com minhas filhas. O amor é acordar durante a noite e dormir a noite inteira. O amor é escrever cartas e ficar em silêncio. O amor é esquecer e perdoar. O amor é cozinhar, rezar e lavar as roupas. O amor é encontrar sua própria felicidade. O amor apenas é...

Visitei minha mãe várias vezes e a trouxe para Nova York por um mês antes da pandemia. Foram ótimas visitas, mas não foram férias. Ela estava feliz em me ver e ter todos os seus filhos juntos para comemorar seu aniversário. Não se lembrava mais de quando eu a visitei após o acidente ou dos eventos que aconteceram depois dele, nem de ter doado tudo durante a sua mudança de casa. Melhor deixar assim.

Minha mãe queria viver sozinha desde de que recuperou do acidente. Sua família sentiu que ela estava muito distraída para viver só. Tambem, sua aposentadoria nunca foi suficiente para pagar um aluguel e as dispesas medicas. Depois de morar com minha irmã e dois dos meus irmãos até 2022 e recuperar fisicamente cerca de 90%, minha mãe foi diagnosticada com demência. Hoje ela está em uma cadeira de rodas, perdeu cerca de 95% de sua mobilidade e mora em uma casa de repouso. Ela relembra a infância e o fato de fazer 90 anos em novembro de 2023. Ela faz as mesmas perguntas com frequência e muitas vezes se desculpa pela intensa ajuda de que precisa para ir ao banheiro, entrar e sair da cama, tomar banho e atrapalhar a rotina da casa.

A Vida é uma Jornada

A sabedoria das mulheres é encontrada em todos os lugares. Aprendemos quando fazemos algo por amor ou por medo, não importam nossas decisões. Reserve um tempo para descobri-la e torná-la um estilo de vida, assim como o arroz e feijão de cada dia. Ela já vive dentro de você e em todos os lugares que você está disposta a olhar. Sua vida está se desenvolvendo todos os dias e dando a você a oportunidade de se conectar com ela. Vá em frente e seja, faça e tenha o que seu coração deseja. Que seja uma ótima jornada.

CARTA PARA A MINHA MÃE

Querida Mãe,

Obrigado por tudo que fez por mim e pelas lições que você me deu com sua vida, sua alma — e continua me dando. Espero que essas lições sejam passadas de todas mães para todas filhas; de filhas para netas e bisnetas no mundo inteiro. Desejo que a sua história seja traduzida por letras de amor e vivam transparentes neste livro e no coração das mulheres que precisam se reconhecer na sua história.

Você faz parte do coração da humanidade. A sua coragem contribui para a consciência feminina — que a cada dia cresce mais claramente — de que a mulher pode tudo quando realmente quer ser, ter ou fazer o que der vontade, sem vergonha alguma.

Eu te amo muito. Quero que você saiba que a sua vida é uma lição de amor infinito e sabedoria para mim. Eu espero que eu esteja sendo uma mãe tão maravilhosa para as minhas filhas como você foi e tem sido para mim. E se as minhas filhas tiverem por mim a metade da admiração que tenho por você, meu coração saberá que realmente fiz meu papel de Mãe.

Beijos,

Ana

CARA LEITORA,

Queremos saber sua opinião sobre esse livro. Após a leitura, curtan-nos no facebook/ana1barreto, siga-nos no Instagram/ana1barreto e visit-nos no site www.ana-barreto.com/portugues

Cadastre-se e contribua com sugestões, críticas ou elogios. Também compartinhe esse livro com sua familha e amigas.

EXTRAS - RECEITAS

O Arroz da Minha Mãe

Serve 8 pessoas

Ingredientes:

- 2 copos de arroz branco
- 3 colheres de sopa de óleo vegetal ou azeite (minha mãe usava óleo vegetal na maioria das vezes)
- 1 cebola bem picada
- 3 dentes de alho picados
- 4 copos de água quente
- 1 colher de sopa de sal

Instruções:

1. Coloque o arroz em um escorredor e enxágue-o bem com água fria.

2. Adicione o óleo à panela no fogo médio. Adicione o alho e a cebola e mexa até dourar.

3. Adicione o arroz e mexa o tempo todo, até o arroz começar a dourar.

4. Adicione a água quente e o sal. Adicione mais sal ao seu gosto, se quiser.

5. Quando a água começar a ferver, baixe o fogo, cubra a panela e cozinhe por cerca de quinze minutos ou até que a água seja completamente absorvida.

Minhas Variações para o Arroz da Minha Mãe:

14

Arroz de Coco

- Use Arroz Basmati.
- Substitua o azeite por três colheres de sopa de óleo de coco.
- Substitua a água quente por caldo de frango.
- Substitua o sal por uma colher de açafrão.

Sobra de Arroz

Serve 8 pessoas

Ingredientes:

- 2 copos de arroz cozido em temperatura ambiente
- 1 copo de calabresa, linguiça ou frango em cubos. Você pode utilizar qualquer combinação com comidas que sobraram
- 2 colheres de sopa de azeite
- ½ cebola, bem picada
- ½ pimentão verde, bem picado
- ½ copo de molho de tomate
- ½ copo de creme de leite
- ¾ de copo de queijo pecorino ralado
- Pimenta preta, pimenta vermelha e salsinha

Instruções:

1. Preaqueça o forno a 350 graus.

2. Adicione o olho em uma panela no fogo médio. Adicione a calabresa, linguiça ou frango e cozinhe até ficar marrom.

3. Adicione a cebola e o pimentão, e mexa até a cebola dourar.

4. Adicione o molho de tomate e creme de leite, mexendo frequentemente.

5. Adicione a pimenta preta, a pimenta vermelha e a salsinha a gosto.

6. Adicione o arroz e o meio copo de queijo pecorino e cozinhe por 2-3 minutos.

7. Transfira a mistura a uma assadeira e salpique o resto do queijo.

8. Leve ao forno por 20-25 minutos.

O Feijão da Minha Mãe

Serve 8 pessoas

Ingredientes:

- 1 pacote de feijão preto ou marrom, seco
- 4 colheres de sopa de azeite
- 1 pedaço grande de calabresa ou linguiça em cubos
- 2 folhas de louro
- 1 cebola, cortada em pedaços de meio centímetro
- 4 dentes de alho
- 1 pimentão verde cortado em pedaços de meio centímetro
- 1 tomate, cortado em pedaços de meio centímetro (só adicione se você não for congelar o feijão)
- Salsinha
- 1 colher de sopa de pimento preta
- 1 colher de sopa de cominho
- Sal a gosto
- 2 colheres de sopa de vinagre branco (ingrediente secreto)

Instruções:

1. Deixe o feijão de molho por, ao menos, duas horas.

2. Adicione duas colheres de sopa de azeite a uma grande panela, no fogo médio.

3. Adicione a calabresa e cozinhe-a até ficar marrom.

4. Adicione o feijão e cubra-o com água até o dobro da quantidade de feijão.

5. Adicione as folhas de louro.

6. Quando a água começar a ferver, cubra a panela, baixe o fogo e cozinhe por duas horas.

7. Em uma panela separada, adicione o restante do azeite, a cebola e o alho, no fogo baixo. Cozinhe até a cebola e o alho dourarem.

8. Adicione o pimentão verde e o tomate, e cozinhe até os vegetais ficarem moles.

9. Adicione três conchas do feijão cozido e esmague-os com uma colher de madeira.

10. Adicione a pimenta preta, o cominho e sal a gosto. Cozinhe por dez minutos no fogo baixo.

11. Adicione a cebola, o alho, os vegetais e o arroz de volta à panela grande.

12. Adicione o vinagre, mexa e cozinhe por mais trinta minutos no fogo baixo.

13. Adicione salsinha a gosto e mais sal se quiser, e sirva.

PS: Faça feijoada vegana ao remover a calabresa.

Minha Sopa de Feijão

Serve 4 pessoas

Ingredientes:

- 2 copos de feijão cozidos por meio da receita acima
- 2 copos de caldo de galinha
- ¼ de copo de creme de leite

Instruções:

1. Em uma panela média, adicione o feijão e o caldo de galinha e espere que ferva.

2. Tire a panela do fogo e leve o conteúdo ao liquidificador por um minuto.

3. Devolva a mistura à panela e adicione o creme de leite, mexa e sirva.

Minha Sopa de Beterraba

Serve 4 pessoas

Ingredientes:

- 2 colheres de sopa de azeite ou óleo de coco
- 1 cebola doce picada
- 2 dentes de alho picados
- 6 beterrabas médias, descascadas e picadas
- 2 copos de caldo de galinha
- ¼ de copo de creme de leite
- Sal e pimenta a gosto

Instruções:

1. Em uma panela média, em fogo médio, adicione o azeite, a cebola e o alho. Cozinhe até dourar, mexendo frequentemente.

2. Adicione a beterraba e o caldo de galinha. Adicione mais água, se necessário, para cobrir as beterrabas. Quando começar a ferver, baixe o fogo e cozinhe por 15 a 20 minutos, até que as beterrabas amoleçam.

3. Remova a panela do fogo e adicione a sopa ao liquidificador. Bata no liquidificador por um minuto.

4. Devolve a sopa à panela, adicione o creme de leite e o sal e pimenta a gosto. Cozinhe por um minuto e sirva.

Minha Sopa de Couve-flor

Serve 4 pessoas

Ingredientes:

- 2 colheres de sopa de azeite
- 1 cebola doce picada
- 2 dentes de alho picados
- 1 couve-flor, sem caroço e picado
- 4 copos de caldo de galinha
- 1 folha de louro
- Uma pitada de páprica
- ¼ de copo de creme de leite
- Sal e pimenta a gosto

Instruções:

1. Em uma panela média, no fogo médio, adicione o azeite, a cebola e o alho. Cozinhe até dourar, mexendo frequentemente.

2. Adicione a couve-flor, a folha de louro, a páprica e o caldo de galinha. Adicione mais água, se necessário, para cobrir a couve-flor. Quando começar a ferver, baixe o fogo e cozinhe por trinta minutos, até amolecer.

3. Remova a panela do fogo, tire a folha de louro e adicione a sopa ao liquidificador. Bata no liquidificador por um minuto, ou menos.

4. Devolva a sopa à panela. Adicione o creme de leite, sal e pimenta a gosto. Cozinhe por mais um minuto e sirva.

Brigadeiro

Rende 30 unidades

Ingredientes:

- 1 lata de leite condensado
- 3 colheres de sopa de cacau em pó
- 1 colher de sopa de manteiga com sal
- ¾ de copo de granulado de chocolate

Instruções:

1. Em uma panela média, misture o leite condensado, o cacau e a manteiga.

2. Cozinhe no fogo médio, mexendo frequentemente até engrossar.

3. Remova a panela do fogo e espere esfriar, até que você possa tocar nele.

4. Despeje o granulado em um prato ou superfície.

5. Com suas mãos, enrole a misture, fazendo bolas de 3 cm, e role-as no granulado. Coloque as bolas no prato e saboreie!

SOBRE A AUTORA

Ana Barreto é uma escritora, professora, coach, consultora de Feng Shui, facilitadora de limpeza de energia, profissional de negócios, facilitadora de MBTI. meditadora e fundadora da escola para Mulheres "Body, Mind & Wisdom School". Ela é apaixonada por mindfulness, educação e empoderamento e desenvolvimento feminino.

"Fui abençoada com uma vida desafiadora que me forçou a procurar maneiras de encontrar claridade, alinhamento interior e uma conexão espiritual e depois ensiná-los a outras pessoas. Tenho a honra de compartilhar meus dons com você por meio de minha missão: ajudar mulheres a melhorar a qualidade de suas vidas."

Ela estudou e continua estudando Feng Shui, História das Mulheres, Mulheres nos Negócios, Mulheres e Liderança, Meditação, Psicologia, Neurociência, Metafísica, Cura Energética e outras Filosofias Orientais.

Para sua educação formal, ela recebeu um diploma de Associado em Marketing de Negócios, Bacharelado em Administração de Empresas e um MBA. Ela também é certificada em Indicador de Tipo Myers-Briggs (MBTI). Desde de 2002, ela estuda Mindfulness e estudou com grandes professores como Louise Hay, Wayne Dyer, Joe Dispenza, Jack Canfield, Nancy Santo-Pietro, Mario Martinez, Carolyn Myss, Tony Roberts, Bob Proctor, Hale Dwoskin, e outros.

Ana é autodita e sua missão é ajudar as mulheres a encontrar sua bússola interior para viver uma vida ótima por meio de seus livros inspiradores de autoajuda, cursos, coaching, modalidades de gerenciamento de energia, feng shui e meditações e palestras.

Como muitas mulheres, Ana foi uma mãe divorciada, estressada e trabalhadora por muitos anos. Sentia que não podea dedicar tempo suficiente as filhas, seus objetivos pessoais ou à sua carreira como imaginava. Sua vida agitada levou-a a procurar maneiras de encontrar a felicidade na vida diária e ainda viver com propósito.

Quando não está trabalhando, Ana gosta de cozinhar, viajar, fazer escaladas, andar de bicicleta e de caiaque e de passar tempo com as duas filhas e marido em sua casa, decorada segundo os princípios do feng shui.

www.ingramcontent.com/pod-product-compliance
Lightning Source LLC
Chambersburg PA
CBHW071441090426
42737CB00011B/1741